# 창덕궁

## 궁궐로 떠나는 힐링여행

글·그림 **이향우** | 감수 **나각순**

인문산책

# 궁궐로 떠나는 힐링여행 '창덕궁' 편에 붙여

참으로 오랜만에 우리 궁궐에 대한 참신한 책을 받아보게 되었습니다. 전문 연구자도 아니고 궁궐에 대한 일을 업으로 하는 분도 아닌 궁궐 해설 자원봉사 활동을 하는 분께서 이런 책을 출간하는 점이 참으로 놀랍고 고마운 생각이 들었습니다. 나아가 저자 이향우 선생님께서는 지금껏 누구도 시도하지 못했던 조선시대 우리 궁궐 전체에 대한 책 또한 발간 계획 중이라고 들었습니다. 그 첫 번째로 '경복궁' 편이 이미 독자들의 품으로 전해졌고, 연이어서 바로 '창덕궁' 편이 빛을 보게 되었습니다. 조만간 창경궁과 덕수궁까지 접할 수 있다고 생각하니 그 기대와 설렘에 가슴 벅차기 그지없습니다. 감히 단언컨대 앞으로도 이런 일은 누구도 해내기 어려울 것이라 생각됩니다. 그만큼 방대하고 어려운 작업이기 때문입니다.

이번에 소개하는 창덕궁은 더 이상 말이 필요 없는 우리나라 최고의 궁궐입니다. 아니 세계에서도 가장 아름다운 궁궐임에 틀림없습니다. 창덕궁은 동서고금 다른 어느 궁궐과 달리 응봉이라는 백악 자락에 기대어 그 모양대로 전각 건물을 앉혔습니다. 그리고 요소요소에 자리한 정자와 서재를 품은 전각 뒤쪽의 숲속은 그 자체로 왕궁의 뒤뜰이 되었습니다. 이러한 매력이 창덕궁을 조선시대 왕과 왕비에게 가장 사랑받

창덕궁
궁궐로 떠나는 힐링여행
취한정
한정당
폄우사 석복헌 수강재
낙선재
승화루 정랑정
정락문
곰곰음
관물헌
천장문 선정각
주향문
대조전
선평당
경훈각 희정당
선정전
선정문
숙장문
인정전
인정문
만팔문
향랑정
진선문
양지당
억석루
구 선원전
향밖
의풍각
금천교
책고
봉모당
규장각 검서청
내각
곰녹옥
곰흥문
만후문

궁궐로 떠나는 힐링여행 : 창덕궁

글·그림   이향우
감     수   나각순
사     진   허경희, 이향우

초판 1쇄 발행   2013년  6월 20일
초판 6쇄 발행   2025년 12월 15일

펴 낸 곳   인문산책
펴 낸 이   허경희

주     소   서울시 은평구 연서로 3가길 15-15, 202호(역촌동)
전화번호   02-383-9790
팩스번호    02-383-9791
전자우편   inmunwalk@naver.com
출판등록   2009년 9월 1일  제2012-000024호

ⓒ 이향우, 2013

ISBN  978-89-998259-03-7   03910



이 도서의 국립중앙도서관 출판시도서목록(CIP)은 서지정보유통지원시스템 홈페이지
(http://seoji.nl.go.kr)와 국가자료공동목록시스템(http://www.nl.go.kr/kolisnet)에서
이용하실 수 있습니다.(CIP제어번호: CIP2013008486)

은 궁궐로 만들었으며, 이곳을 찾는 사람이라면 누구나 절로 감탄사를 자아내게 하기에 세계문화유산이라는 이름표를 달아주게 하였습니다. 이 책을 통해서 그동안 보지 못했던 창덕궁의 진짜 모습과 숨은 재미를 느끼게 될 것입니다.

이 책은 사실 전공자가 보아도 흠잡을 데 없는 정확한 사실과 정보를 담고 있습니다. 그동안 출간되었던 어떤 전문 서적과 비교해도 손색이 없는 전공서라고도 할 수 있습니다. 그러나 정작 저자 자신은 본인의 능력을 애써 감추려고 합니다. 책을 읽는 내내 해박한 지식을 자랑하지 않으려는 흔적이 역력함을 느낄 수 있었습니다. 더불어 이 책에는 다른 책들과는 다른 아름다움이 녹아 있습니다. 책장을 넘길 때마다 펼쳐지는 멋진 사진과 그림은 특별한 선물이나 다름없습니다. 다른 사람이라면 무심코 지나쳤을 사소한 문양 하나까지도 저자가 손수 그림으로 살려내서 예술 작품으로 거듭나고 있습니다. 대표적으로 낙선재 한 켠의 좁은 담장에 꽃담으로 새겨진 매화와 포도 그림은 창덕궁에서 근무했던 필자마저도 눈길 한 번 주지 못했던 것이었습니다. 그러한 디테일은 아마도 미술을 전공하고 평생 작품 활동을 해온 작가만이 잡아낼 수 있는 심미안에서 비롯되었을 것입니다. 얼마나 세심히 관찰하고 공을 들여 저 그림을 완성하였을까? 이처럼 창덕궁의 구석구석을 한 폭의 수채화나 스케치로 되살린 재능과 노력에 대해 새삼 경의를 표하는 바입니다.

그러나 무엇보다 이 책이 가치 있다고 느끼는 이유는 바로 기존의 전공서나 학술서, 여행 지침서 등과는 차별화된 창덕궁에 대한 저자의 애정이 흠씬 묻어나기 때문입니다. 여기에는 십 년 넘는 동안 일 년 열

두 달 창덕궁 곳곳을 해설하던 저자의 생생한 체험이 녹아 있습니다. 이 책을 읽는 독자분들이라면 누구나 책을 읽는 동안 제삼의 작가가 쓴 글을 읽고 있는 것이 아니라 자기 스스로 창덕궁 여기저기를 직접 걷고 있는 듯한 착각을 불러일으키기에 충분합니다. 그것은 바로 저자 자신이 그만큼 쉼 없이 창덕궁을 거닐면서 보고 듣고 느낀 것을 가슴으로 전해주고 있기에 가능한 것입니다.

이향우 선생님과의 인연은 그리 길지 않습니다. 한국과 중국의 도성 제도를 공부하는 필자가 뜻밖의 행운을 얻어 창덕궁관리소장이라는 막중한 임무를 맡게 되면서 처음 뵙게 되었고, 이처럼 귀한 책을 출간한다는 것도 그때 알게 되었습니다. 도와드린 것 하나 없는 부족한 사람에게 이런 좋은 책의 추천 기회를 주신 데 대해 진심으로 감사드립니다.

독자 여러분, 지금 당장이라도 책장을 펼쳐들고 정문인 돈화문에서부터 가장 깊숙한 옥류천까지를 샅샅이 훑어보는 여유를 가져보시기 바랍니다. 바로 이향우 선생님의 책에서만 느낄 수 있는 편안하고 소박한 장면 장면들이 흐뭇하게 다가올 것입니다. 창덕궁의 공간 여행을 통한 진정한 치유의 경험이 되리라 믿어 의심치 않습니다. 다시 한 번 출간을 축하드리며, 다른 궁궐로의 소중한 힐링 여행 또한 간절히 기대합니다.

2013년 6월 목포 앞바다에서

신희권 (전 창덕궁관리소장)

---

* 서울대학교 고고학과를 졸업한 후 동 대학교에서 석사학위를 받았으며, 중국사회과학원에서 박사학위를 받았다. 국립문화재연구소 및 문화재청에서 근무하였으며, 2012년 창덕궁관리소장을 역임하였다. 현재 국립해양문화재연구소 과장으로 재직하고 있다.

# 나를 달래주는 치유의 공간들을 만나다

경복궁 여행에 이어 두 번째 책으로 창덕궁 이야기를 펼칩니다. 이 글은 한국의 전통 건축을 대표하는 궁궐 창덕궁을 오랜 기간 동안 직접 관찰하고 정리한 것입니다. 한국의 전통 건축 양식은 물론 궁궐의 회화(문양 포함)와 조각을 미학적 관점에서 전개하고 있습니다. 또한 궁궐에 담겨진 역사와 휴먼 스토리를 찾아내고, 궁궐의 다양한 모습을 사진에 담고 그림을 곁들여 감성으로 궁궐을 느낄 수 있도록 정성을 들였습니다. 역사적인 연대기나 학문적인 측면에서의 딱딱함보다는 관람객이 궁궐의 현장에서 전통 문화의 가치와 아름다움을 스스로 찾아내어 즐길 수 있도록 도와주는 지침서의 역할을 할 것으로 생각합니다.

창덕궁은 조선왕조의 두 번째 궁궐로 가장 오랫동안 제왕이 주재했던 법궁이었습니다. 조선왕조의 첫 번째 궁궐인 경복궁을 여행하는 사람들은 조선왕조의 유교적 이상을 그대로 반영한 궁궐 조성의 엄숙한 질서에 강한 인상을 받게 됩니다. 경복궁이 남북을 축으로 강한 대칭 구조의 건축물이라면, 창덕궁은 그 지세에 따라 편안하게 앉은 전각과 후원의 수림으로 인해 조선왕조의 궁궐 중 가장 아름답고 역대 왕들의 많은 사랑을 받았던 공간입니다.

창덕궁은 일제강점기에 다른 궁궐과 마찬가지로 망가지고 훼손되었으며, 나라의 국권이 상실되는 순간을 지켜보았습니다. 또한 마지막 왕실 가족들이 생을 마감한 슬픈 현장이기도 합니다. 그리고 지금, 창덕궁은 그 본 모습을 되찾으려는 우리의 노력으로 우리 곁에 의연한 모습으로 그 역사를 지키고 있습니다.

이제 역사 속에 꼭꼭 숨어버린 옛사람들에게 우리가 먼저 그들 곁으로 다가가 말을 걸어보실까요. 진정한 궁궐 나들이는 나만의 시간을 가지고 마음으로 느끼려고 해야 합니다. 궁궐에서의 시간은 그 자체가 정지된 느낌을 줄 수도 있으나, 그러한 생각은 궁궐을 한두 번 가서 대충 보고 마는 습관 때문이라고 생각합니다. 우리 궁궐이 얼마나 아름답고 매번 다른 모습으로 다가오는지는 여러 번 가본 사람만이 알 수 있는 일입니다. 봄여름가을겨울에 보이는 모습이 다르고, 날씨에 따라서도 매번 다른 내 마음의 풍경을 그려낼 수 있는 곳이 서울 한복판에 있는 궁궐입니다. 비 오는 궁궐의 풍경이 주는 진한 감동은 그 느낌이 설령 쓸쓸함이라 해도 그 우수를 즐겨보시기 바랍니다. 그곳에서 살았던 옛사람들의 정취를 만나고 그들과의 교감을 통하여 그들이 느꼈던 기쁨과 슬픔까지도 함께 하는 시간을 가져보시기를 권합니다.

창덕궁 궐내각사의 지붕선들이 겹쳐지는 담장 아래 물길을 따라 걷는 아름다운 동선은 창덕궁만이 갖는 매력입니다. 또한 후원의 울창한 숲과 정자의 어울림은 인간이 얼마나 편안하게 자연에 다가설 수 있는지를 보여주고 있습니다. 그리고 우리는 그곳에서 바쁜 일상에 쫓기던 나를 달래주는 치유의 공간을 만나게 됩니다. 대도시 서울 한복판에서 나뭇가지에 이는 바람소리, 내 발길을 따라 걷는 물소리, 그리고 비 개인 날 들리는 새소리는 우리의 영혼을 위로하고 가슴 울리는 감동을 줄 것입니다.

이 책에서는 굳이 심오한 역사적인 해석을 하려 하지 않았습니다. 그리고 당신께 철학의 무거운 개념보다는 지금 내가 있는 위치에서 옛사람들과 그들의 공간을 공유하고 느낄 수 있기를 바랍니다. 나만의 여유를 지닌 궁궐 산책을 원하는 당신에게 마음의 그림을 담은 창덕궁 나들이를 권합니다.

마지막으로 이 글을 마무리하기까지 각종 자료수집에 도움을 주신 창덕궁 관리소에 감사드립니다. 늘 격려와 응원을 아끼지 않은 우리 궁궐지킴이 동료들과 관련 학계의 여러분들께서 많은 도움을 주셨습니다.

2013년 6월 양평 화양리에서
이향우

일러두기

1. 사진은 출판사와 저자가 함께 작업한 후 선별하여 수록했다.
2. 사진에 협조해주신 분의 사진 자료들은 다음과 같다.
   신옥순(77쪽, 215쪽, 362쪽), 이상룡(218쪽, 220쪽, 268쪽)
3. 그림에 협조해주신 분의 그림 자료들은 다음과 같다.
   장일훈(210쪽, 222쪽)
4. 창덕궁 내부 사진 촬영은 창덕궁 관리소의 협조로 이루어졌다.
5. 참고문헌은 본문 뒤에 밝혀두었다.
6. 궁궐 지도는 궁궐 본래의 모습과 현재의 복원 상태를 고려하여 저자의 주관적인 생각을 바탕으로 그려졌다.

# 차례

# 1 돈화문 가는 길

돈화문 건너편 화단에서 멀리 돈화문의 위용을 바라보며 잠시 서보시겠어요.

# 종로 3가에서 출발하기

저는 창덕궁을 관람하는 방식을 지금까지의 관점과는 조금 다르게 출발하려고 합니다. 우선 종로 3가쯤에서부터 창덕궁 나들이를 시작해 보는 것은 어떨까요. 지하철 3호선 안국역에서 창덕궁을 찾아가기보다는 1호선과 5호선 종로 3가역에서부터 시작해보는 게 좋을 듯합니다. 창덕궁을 남쪽에서 바라보는 시점, 돈화문을 향해 북쪽으로 길을 걸어보자는 이야기입니다.

돈화문로를 따라 걷다 보면 응봉을 머리에 얹은 돈화문이 보인다.

종로 3가에서 돈화문로를 걸으면서 볼 수 있는 풍경들

우선 출발점인 종로 3가에서 북쪽으로 열린 양쪽 길이 옛날 단성사나 피카디리 극장이 사람들로 붐비게 흥행을 하던 때보다는 약간 한적해져서 좋습니다. 그리고 멀리 보이는 돈화문 머리 위로는 창덕궁을 품에 안은 응봉이 얹혀 있습니다.

조금 느린 걸음으로 돈화문을 향해 걸으면서 옛날 창덕궁 앞의 관청가를 짐작해보는 것도 좋겠지요. 임진왜란 이후 경복궁이 파괴되고 난 후에도 그 앞에 육조거리가 그대로 그 기능을 유지하고 있었고, 창덕궁이 조선 중기 이후의 법궁(法宮 : 정궁) 역할을 하면서 작은 관청가는 자연스레 돈화문 앞쪽으로 자리를 잡게 되었습니다. 걸어가는 도중에 전주이씨 종친회의 이화회관 건물도 볼 수 있고, 종부시 터나 통례원 터, 그리고 돈화문에 거의 다다라서는 비변사 터 표지판도 볼 수 있습니다.

유네스코 세계문화유산 창덕궁

# 돈화문과 월대

　　드디어 차도 건너편에 창덕궁의 정문인 돈화문이 보입니다. 건널목의 신호가 아직 바뀌지 않았다면 서두르지 마시고 주변의 화단도 살펴보고 길 건너편 돈화문의 위용을 바라보며 잠시 서보는 것도 좋겠습니다. 이제 보행자 건널목을 건너서 돈화문 쪽으로 다가섭니다. 오른편으로 긴 담장이 보이고 그 너머로 궁 안의 나무와 전각 지붕들이 보입니다. 창덕궁의 상의원(尙衣院) 영역으로 왕의 의복, 왕실의 금은보화와 장식품을 보관하던 관청입니다.

돈화문(보물 제383호)

복원된 월대와 상의원 영역

그리고 창덕궁의 정문인 돈화문 앞에 당도해서 월대를 한 번 눈여겨 보시겠어요? 월대 남쪽 끝에는 계단이 있는데, 지면보다는 조금 높게 설치되어 있습니다. 그런데 지금은 아무도 돈화문 앞의 월대에 대해 의식을 하는 사람이 드물지요. 그냥 대부분의 사람들이 창덕궁에 들어가기 전에 서로 만날 장소로 정하거나, 돈화문을 배경으로 사진을 한 장 찍는 장소 정도로 생각하고 있는 것은 아닐까요?

돈화문 앞의 월대는 1900년대 초 순종 황제의 자동차가 통과하기 쉽도록 문지방을 묻어버려서 밋밋하게 사용하던 것을 복원해 놓은 것입니다. 순종은 아버지인 상황제 고종께 문안을 드리러 덕수궁으로 갈 때 자동차를 타고 다녔다고 합니다.

그러나 현재 돈화문 월대를 복원은 했으되 그 옛 모습을 제대로 찾기에는 아쉬움이 많습니다. 그 앞의 아스팔트 찻길의 높이가 오랜 세월 동안 높아져서 돈화문 앞 차도를 인접한 일부의 공간만큼만 복원한 형태니까요. 아무래도 시원한 맛이 없고 자칫 뭔가 이상한 모양으로 착각할 수도 있게 되었습니다. 현재 종묘와 창덕궁 연결 구간의 율곡로 복원 공사가 진행 중입니다. 이 복원 공사가 마무리되는 시점에서 돈화문 앞의 도로도 좀 더 자연스럽게 재정비되리라고 생각합니다.

돈화문 월대 정면에서 바라본 돈화문로

이제 입장권을 사서 창덕궁으로 들어가 볼까요. 시간마다 각 언어 영역별로 안내가 있지만 전각 부분은 예전처럼 반드시 해설사를 따라가며 관람해야 하는 강제 규정은 없어져서 부담 없이 즐길 수 있는 여유가 생겼습니다. 그러나 창덕궁 관람을 내 의도대로 즐기고 싶다면 나름대로 얼마간의 사전 지식이 필요하게 되었습니다. 그런 경우에는 돈화문 안쪽에 비치해 놓은 간략한 창덕궁 안내시기 제법 쓸모가 있지요. 그러나 부디 간단한 참고 정도로만 생각하시는 게 좋을 듯합니다. 그 안내서를 읽다 보면 정작 또다시 역사적인 연대기에 의존할 수밖에 없는, 그저 인터넷에서 얼마든지 출력할 수 있는 정도의 일반적인 지식에 의존하게 된다는 말이지요.

이제부터는 무엇을 보고 어떤 감동을 받을 것인지에 대해서는 개인적인 취향이 매우 중요합니다. 고궁의 아늑한 분위기를 조용히 즐기고 싶으신 분은 조금 서둘러 이른 시간에 창덕궁을 방문하거나, 또는 날씨가 그다지 좋지 않다고 생각되는 날을 택하는 편이 오히려 기대하지 못했던 멋진 관람을 할 수 있는 기회임을 아셔야 합니다. 많은 사람들이 궁궐 관람을 나들이 정도로 가볍게 생각하기 때문에 대부분 날씨가 좋아야 한다는 고정관념을 가지고 있습니다. 그러나 그것은 나뿐만 아니라 모든 사람들의 공통된 생각이므로 이런 경우 몹시 붐비는 관람을 각오해야겠지요.

만약 당신께서 비가 촉촉이 오는 어느 날 과감히 궁궐을 방문하셨다면 좀 더 차분하고 깊어진 궁궐의 색을 만날 수 있을 겁니다. 창덕궁은 계절마다, 또 그날에 따른 날씨나 시간마다 항상 새로운 감동을 연출해내는 아주 특별한 매력을 지닌 곳이기 때문입니다. 이른 아침녘 창덕궁의 조용한 매력을 만났다면 해질 무렵에는 또 다른 모습을 보여줄 터이고, 흐린 날의 소묘와 같은 차분한 느낌 또한 그런 날이 아니면 만날 수 없는 특별함이 있습니다. 또한 당신께서 어느 달빛 맑은 날 창덕궁의 달그림자를 밟아보신다면 당신은 이 아름다운 창덕궁을 사랑하지 않을 수 없게 될 테지요. 자, 그러면 이제부터 당신만을 위한 특별한 창덕궁 나들이를 시작해보실까요.

2 금천교를 건너다

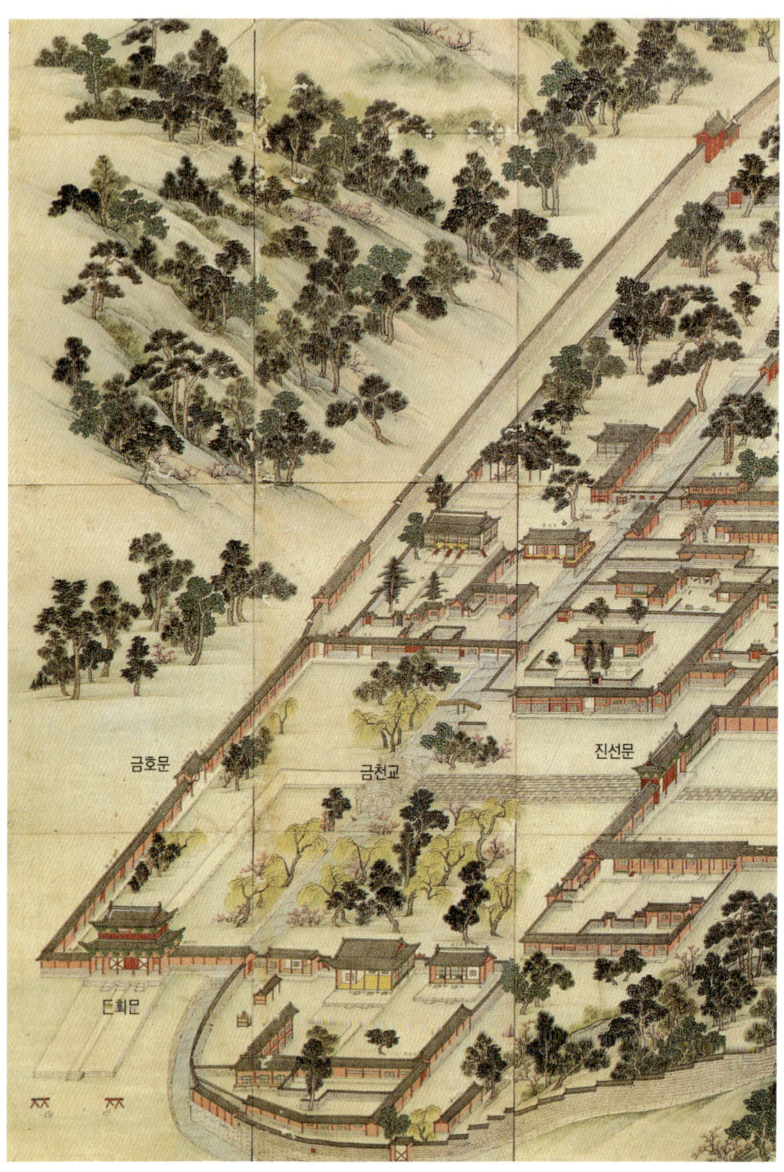


〈동궐도〉, 금천교 일원

# 동궐로 불린 창덕궁

창덕(昌德)이란 '덕의 근본을 밝혀 창성하게 하라'는 뜻입니다. 창덕궁(昌德宮)은 조선왕조의 5개 궁궐(경복궁 · 창덕궁 · 창경궁 · 경희궁 · 경운궁) 중 하나입니다. 1392년 태조는 조선을 건국한 이후, 1394년 한양으로 천도하면서 경복궁을 조선왕조 최초의 법궁(法宮)으로 지었습니다. 그 후 조선 3대 국왕인 태종 5년(1405)에 창덕궁을 ✿이궁(離宮)으로 지었지요. 응봉(鷹峯) 자락에 기대어 지은 창덕궁은 경복궁과 달리 지형의 조건을 살려 궁궐 건물을 앉히고, 동쪽에 있는 창경궁을 생활공간으로 확장하여 사용하도록 했습니다. 그런데 창경궁은 태종이 세종에게 왕위를 물려준 후 머물렀던 수강궁 자리에 다시 지은 것으로 성종 때 세 분의 대비, 곧 정희왕후 윤씨(세조비), 소혜왕후 한씨(덕종비), 안순왕후 한씨(예종비)를 위해 지은 것입니다. 창덕궁은 경복궁의 동편에 있다는 의미로 창경궁과 함께 동궐(東闕)로 불렸으며, 후원 영역은 창덕궁과 창경궁이 함께 공유했습니다.

1592년 임진왜란으로 궁궐이 모두 불탄 후 1610년 광해군에 의해 복원되면서 창덕궁은 270여 년간 조선왕조의 법궁으로 사용되었습니다.

✿ 이궁 : 법궁은 왕이 그 궁궐에 본격적으로 기거하면서 나라의 정사를 돌보는 으뜸 궁궐이라면, 이궁은 왕의 개인적인 이유나 정치적인 상황, 또는 질병이나 화재로 인한 피신 등의 이유로 인해 필요했던 여벌 궁궐을 말한다.

유네스코 세계문화유산 창덕궁 표지석

이어서 경희궁을 짓고 서궐(西闕)이라 불렀지요. 그리고 고종 때 경복궁이 재건되자 창덕궁은 1894년부터 1907년까지 비어 있게 되었습니다. 1907년 11월 순종이 즉위한 후 창덕궁으로 이어했으나, 1910년 일제강점으로 조선왕조 역사의 마지막 현장이 되었습니다.

현재 남아 있는 조선의 궁궐 중 유일하게 후원 영역이 잘 보존된 창덕궁은 건축물과 자연 경관의 조화가 뛰어난 궁궐 건축을 보여주고 있습니다. 창덕궁은 한국 전통 조경의 특성과 아름다움을 간직한 세계적 정원으로 그 가치를 인정받아 1997년 유네스코 세계문화유산으로 등록되었습니다. 전체 관리 면적은 약 14만 5천 평(479,340㎡)으로, 전각 영역이 5만 평(165,290㎡)이고 후원 영역이 9만 평(297,520㎡)입니다.

❖ 〈동궐도東闕圖〉: 경복궁의 동쪽에 위치한 창덕궁과 창경궁을 함께 그린 16첩 그림으로 고려대학교와 동아대학교 박물관에 소장된 두 점이 있다. 고려대학교박물관에 소장된 〈동궐도〉(국보 제249호)는 모두 16폭으로 1폭이 6면으로 접혀 있는 첩자로 꾸며져 있다. 동아대학교 소장본은 현재 병풍으로 꾸며져 있으나, 원래는 고려대학교 소장본처럼 첩자로 그려졌을 것으로 생각된다. 고려대학교 소장본 〈동궐도〉

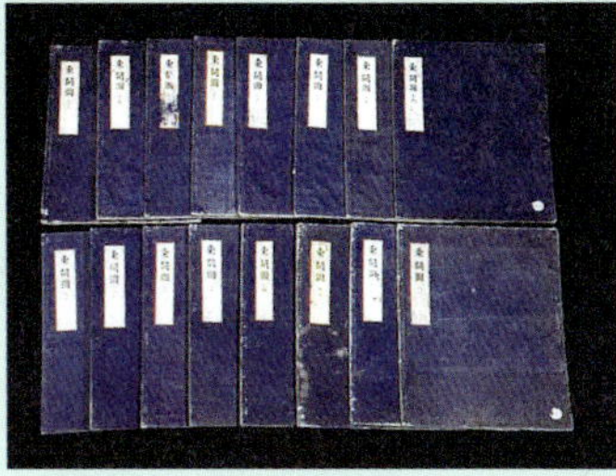

〈동궐도〉 첩자

화첩 표면은 얇은 청색 천으로 표구되어 있고 적색지로 테를 두른 조그만 장방형의 흰 비단 천에 '동궐도인일(東闕圖人一)'이라는 표제가 적혀 있다. 이를 미루어보면 〈동궐도〉는 본래 천(天), 지(地), 인(人)의 3본이 작성되었던 것으로 추정된다. 매 면이 가로 36.5㎝, 세로 45.5㎝ 크기의 비단 천에 그려진 화첩 6면을 위에서 아래로 이어서 첩자로 만든 것이 16첩으로, 오른쪽 위에서 왼쪽 아래로 연결하면 총길이가 가로 576㎝, 세로 273㎝(人 一부터 人 十六)이다.

〈동궐도〉는 비단에 먹과 채색을 써서 산과 언덕에 둘러싸인 창덕궁과 창경궁을 오른쪽 위에서 내려다보는 부감법으로 세밀하게 묘사한 작품이다. 이 작품은 도화서 화원들의 원숙한 기법으로 그려진 우수한 작품으로 《궁궐지》 등에서 찾아볼 수 있는 내용들이 보다 입체적이고 정확하게 묘사되어 있다. 궁궐 주위의 산과 언덕들은 남종화의 필법으로 그렸으나, 건물의 세밀한 표현과 원근 처리 등에는 서양화법의 영향도 보인다. 그러나 이 그림은 궁궐의 배치, 건물과 각종 시설, 조원의 원상을 파악하는 데 생생한 자료로서 회화성보다는 조선시대 궁궐의 연구에 더 중요한 의의를 갖는다. 아울러 훼손되어 없어진 건물이나 시설물 등을 19세기경의 원형대로 복원하는 고증 자료로서도 사료적인 가치가 크다.

〈동궐도〉가 그려진 시기는 1824~1830년으로 추정한다. 이유는 1824년(순조 24) 8월에 불탄 창덕궁의 경복전이 터만 그려져 있고, 1830년에 화재로 소실된 창경궁의 환경전, 경춘전, 양화당이 그려져 있는 것으로 보아 1824년 8월~1830년 화재 발생 전의 어느 시기로 추정된다. 또한 〈동궐도〉에 그려진 연경당의 구조가 1828년 지어진 현재의 연경당과 다른 반면, 〈동궐도〉의 오른편 위쪽에 그려진 이름 없는 전각의 구조가 현재의 연경당과 일치하는 점으로 보아 〈동궐도〉가 그려진 시기를 연경당이 지어지기 전의 1827년 전으로 추정해볼 수도 있다. 다른 이론으로는 현재의 연경당이 처음 〈동궐도〉에 그려진 구조로 지어졌다가 헌종 대에 다시 현재의 모습으로 지어졌을 거라는 가설을 생각해볼 수 있지만, 여전히 〈동궐도〉 오른쪽 위편에 그려진 이름 없는 전각이 〈동궐도〉가 그려진 직후나 또는 〈동궐도〉가 제작되고 있는 중간에 지어진 연경당일 것이라는 추정을 단념하기에는 미련이 남는다.

〈동궐도〉, 1830년경, 국보 제249호, 고려대학교박물관 소장

궁궐 안마당의 오래된 회화나무들은 방문하는 이들을 품어 반기는 듯합니다.

# 궁궐의 안마당에 서다

자, 그러면 궁궐의 안마당에서 차근차근 그 모습을 살펴볼까요.

돈화문은 창덕궁의 정문으로 태종 12년(1412)에 처음 지어졌습니다. 그러나 임진왜란 이후 불탄 것을 광해 원년(1608)에 중수했습니다. 현존하는 궁궐의 문 중 가장 오래된 것입니다. '돈화(敦化)'라는 말은 《중용》의 '대덕돈화(大德敦化)'에서 인용한 말로 '임금이 큰 덕을 베풀어 교화를 도탑게 하다'라는 의미로 쓰였습니다.

안마당에서 바라본 돈화문

돈화문 2층 문루에는 종과 북을 달아 백성들에게 시각을 알리거나 급한 일이 있을 때 알렸습니다. 정오와 ✿인정(人定) 때에는 종을 울리고 ✿파루(罷漏)에는 북을 쳤다고 합니다. 임금이나 중국의 사신이 드나들던 문으로 사헌부 관리들이 특별히 돈화문으로 출입했습니다. 《영조실록》에 영조 4년(1728) 이인좌(李麟佐)의 난을 진압한 후 임금이 돈화문 문루에 나아가 헌괵례(獻馘禮)를 받았다는 기사가 있습니다. 헌괵례란 싸움에 나간 장수가 적장의 머리를 임금에게 바치는 것을 말합니다. 맙소사! 돈화문 문루에 반란군 수장의 목을 베어 걸었군요.

✿ **인정과 파루** : 조선시대 한양에는 통행금지가 있었다. 밤 10시쯤 인경을 28번 쳐서 통행금지를 알리는 일을 인정(人定)이라 하는데, 이는 하늘을 지키는 28개의 별자리를 상징한 것으로 밤사이에 평화를 지켜달라는 의미였다. 파루(罷漏)는 통행금지의 해제를 알리는 소리로 33번을 쳤다. 인경의 타종은 파루 때와 마찬가지로 궁궐의 보루각(報漏閣 또는 漏局)에서 시작되어 종루(鐘樓), 남대문, 동대문으로 이어졌고, 도성의 4대문은 이 소리와 함께 닫혔다. 인정 이후에는 딱딱이를 든 순라군(巡邏軍)들이 순찰(행순行巡 · 순경巡更이라고 하였음)을 돌았다. 본래 인정은 종으로, 파루는 북으로 알리는 것이 원칙이었다. 쇠로 된 종은 음(陰)으로 밤과 잠을 상징했고, 나무와 가죽으로 된 북은 양(陽)으로 낮과 활동을 상징했기 때문이다. 밤에 편안한 잠을 자기 위해 인정은 종으로 쳐야 했고, 새벽에 잠을 깨우기 위한 파루는 활동적인 북으로 쳐야 했다. 실제로 조선 건국 직후에는 파루에 북을 쳤지만 가뭄에는 파루에도 종을 쳤는데, 음기가 부족해 가뭄이 발생한다고 여겨 종으로 음기를 북돋우려는 방책이었다. 가뭄이 심한 경우엔 양기를 상징하는 남대문을 닫고 음기를 상징하는 북문을 열기도 했다. 조선시대에는 가뭄이 반복되었으므로 이러한 방책은 거의 일상화되었고, 이로 인해 겹쳐 인정과 파루를 종과 북으로 구별하는 원칙도 사라졌다.
오고(午鼓)는 궁중에서 정오를 알리는 북소리였다. 담당 군인이 정오에 궁궐 중앙에 걸린 오고를 치면, 북소리를 신호로 임금을 비롯한 모든 사람들이 오전 근무를 종료하고 점심 먹을 준비를 했다.

금호문

요금문

단봉문

금호문(金虎門)은 창덕궁 서문으로 금(金)은 오행사상 중 서쪽이며, 호(虎) 또한 서방(西方) 백호(白虎)를 의미합니다. 사헌부 관리들은 정문인 돈화문으로 출입했는데, 나머지 관리들은 금호문으로 통행했습니다. 바로 금호문 안쪽에 궐 안의 작은 관청인 궐내각사가 있거든요. 그리고 금호문 북쪽에 경추문(景秋門)과 요금문(曜金門)이 있고, 돈화문 동편에 단봉문(丹鳳門)이 있습니다. '단봉(丹鳳)'이란 '목과 날개가 붉은 봉황'을 일컫는 말입니다.

요금문은 후원을 산책하고 나오는 길에 바로 보이는데, 이 문을 통해 인현왕후는 폐비가 되어 쫓겨날 때 흰 가마를 타고 친정으로 갔다고 하며, 복위될 때에도 이 문으로 들어왔습니다. 그리고 남쪽의 작은 문인 단봉문으로는 주로 왕족과 친인척 및 상궁들이 드나들었다고 합니다.

　이제 본격적으로 궁궐 마당을 살펴보아야겠습니다. 돈화문 안쪽에는 천연기념물로 지정된 오래된 회화나무가 몇 그루 있습니다. 궁궐 안에 이렇듯 회화나무를 심은 것은 고대 중국의 주나라 때 궁의 외전 영역에 괴목(槐木 : 느티나무 종류)을 심어 삼정승들이 그 아래 앉아 정사를 논했다는 데서 유래합니다. 현재 궁궐에 이런 유래를 알려주는 회화나무가 남아 있는 곳은 창덕궁뿐입니다.

　다시 눈을 돌려 돈화문을 등지고 오른쪽의 금천을 건너는 아래쪽 다

회화나무

34

금천교 너머 내병조와 상의원 영역

리가 놓인 건너편은 관리구역입니다. 바로 돈화문을 들어서기 전 오른편 바깥 담장 너머로 보이던 공간입니다. 아래쪽 다리를 건너 그쪽을 살펴볼까요. 봄이면 옆의 화단에 피어 있는 매화나 앵두나무 꽃이 아름다워 시선을 빼앗기기 쉬운 곳입니다.

금천교 너머 정면에는 궐내의 군사시설이었던 내병조가 있고, 오른편에는 상방(尙房)이 있습니다. 상방은 상의원(尙衣院)의 다른 이름으로 예전 왕의 의복을 장만하고 왕실의 금은보화와 장식품을 보관하던 관청이었습니다. 지금 이 공간들은 창덕궁 관리사무실로 사용하고 있습니다.

회화나무와 느티나무

황금빛으로 물든 금천교 느티나무

# 비단 물결 위의 다리, 금천교

이쯤에서 창덕궁 안내판 앞에서 한번 지도를 살펴보고 가는 것도 도움이 되겠군요. 그리고 몇 걸음 걸으면 금호문 맞은편으로 잘 꾸민 돌다리가 보입니다. 배산임수(背山臨水)의 조건으로 명당수를 궁궐의 외전 영역에 인위적으로 끌어들인 냇물 위에 세운 금천교(禁川橋)입니다.

창덕궁의 금천교는 조선시대 궁궐의 돌다리 중 가장 오래된 것으로 태종 11년(1411) 박자청이 축조했습니다. 모든 궁궐의 외전 영역에는 반

금천교의 가을

드시 금천이 있어서 잡인의 출입을 엄격히 통제했을 뿐 아니라 궁으로 들어가는 사람들의 마음가짐을 흐르는 물에 씻어 바르게 하기를 바랐던 상징적인 의미입니다. 궁궐에 들어오는 관리들에게 금천교를 지나면서 그 아래 맑은 물에 몸과 마음을 정화한 다음 국정을 논하라는 뜻으로도 보입니다.

창덕궁의 금천교는 금천교(錦川橋)입니다. 말 그대로 비단처럼 아름다운 물길 위에 세운 다리라는 이름이지요. 지금은 물길이 끊겨 아름다운 시내의 흐름을 볼 수 없어 아쉽지만 비 오는 날의 금천교는 그나마 옛 정취를 조금은 느껴볼 수 있습니다.

큰 느티나무 아래에 서서 다리 밑을 보면 두 개의 무지개('홍예'라고 함)를 틀어서 다리 상판을 떠받치고 있는 것을 볼 수 있습니다. 다리 난

홍예 북쪽에 놓은 거북

40

금천교 남쪽의 백택과 나티

간에는 하엽(荷葉)을 두르고 안상(眼象)을 뚫어 꽤 정성스레 치장을 했습니다. 난간과 홍예의 돌조각은 경계의 상징입니다. 금천교 홍예 북쪽에는 현무(玄武)를 의미하는 거북을 놓았고, 남쪽에는 성군의 출현을 상징하는 백택(白澤)을 조각해 놓았습니다. 그리고 두 개의 홍예 사이 가운데에 역삼각형 형태로 사나운 형상의 나티 부조 조각을 해놓았지요. 모두 물길을 타고 궁궐로 침입하려는 사악한 기운을 제압하려는 벽사의 의미가 있는 동물 조각입니다.

금천교 남쪽의 백택

복숭아꽃이 활짝 핀 금천교 화단

또한 다리 위의 동자석에는 기둥마다 해치를 올려놓아서 역시 경계를 늦추지 않고 있는데, 이들의 표정이 영 그 임무에 충실한지는 한 번 쯤 생각해보아야겠습니다. 고개를 갸우뚱하고 있지를 않나, 얘네들 분명 우리를 보고 히힛! 하고 웃고 있는 게 아닌가 하는 생각도 드는데요. 도무지 엄하게 궁궐을 지키고 있는 무섭게 생긴 표정이 아니라 지니가다가 반가운 사람을 본 듯한 친근한 이의 얼굴 표정입니다. 그리고 엉덩이 뒤쪽에 사뿐히 감아 올린 꼬리의 표정은 또 어떤가요. 그 웃음을 살짝 뒤태에 숨기고 있는 듯 장난기 어린 엉성

꼬리를 감아 올린 돌조각상

42

금천교 기둥돌 위에 조각된 다양한 표정의 돌조각상들

한 모습입니다. 이는 화강석이라는 돌의 속성을 충분히 이해한 석공의 너그러운 솜씨에서만 표출되는 여유로 해석해야 되겠습니다. 만약 이탈리아의 부드러운 대리석으로 이런 엉성한 표정을 조각해 놓았다면 그것은 분명 누가 보아도 썩 잘했다고 할 수 없는 실력으로 평가받았을 것입니다. 부드러운 돌은 또 그대로 섬세하고 정교한 조각이 어울립니다. 우리 땅에서 출토되는 질기고 강한 돌, 화강암과 그 돌을 투박한 정으로 쪼아낸 조선의 석공이 만들어내는 여유와 완성을 이들 창덕궁 돌조각이 보여주고 있습니다.

{ 창덕궁 화첩을 펼치며… }

금천교 물길 아래로 봄은 흐르고…

금천교 물길 아래로 가을이 흐릅니다.

# 3

궐내각사로 입궐하다

내각으로 들어서면 오른쪽으로 지붕선들이 선명히 눈에 들어옵니다.

# 궁궐 안의 작은 관청

창덕궁 관람에서 궐 안쪽 중심부로 들어가기 전에 당신에게 꼭 소개하고 싶은 공간이 있습니다. 금호문의 담장 안, 서쪽으로 펼쳐지는 궐내각사(闕內各司) 영역입니다(그 앞에 세계문화유산 표지석이 있다).

궐내각사란 궁에 들어와서 업무를 보던 관리들의 작은 관청으로 궁궐 안의 종합청사라고 해석할 수 있습니다. 궐 밖의 큰 관청가인 육조 거리가 광화문 앞쪽에 늘어서 있고, 다시 궐 안에서 임금을 가까이 보좌할 업무에 따른 필요로 모여 있는 작은 관청이 궐내각사입니다. 일제강점기에 파괴되었던 것을 2005년에 새로 복원해서 궐 안의 옛 모습을 느껴볼 수 있는 공간입니다. 물론 최근의 복원으로 인해 그 오랜 맛도 없고 건물도 생경해 보이기는 하지만, 현재 서울의 궁궐 중에 궐내각사 영역이 복원된 곳은 창덕궁이 유일하기에 매우 중요한 공간입니다. 새 집이 주는 낯선 느낌을 잠시 뒤로 하고 궁궐 구조에 있어서의 원래 모습을 즐겨보시기 바랍니다. 궁궐 대부분의 공간이 일제강점기에 훼손되어 건물과 건물의 연결이 제대로 되지 않고 서로 멀찍이 떨어진 횅뎅그렁한 풍경이 오히려 익숙해진 우리의 현실입니다.

궁궐의 본 모습은 원래 전각과 전각이 서로 담장과 행각으로 연결되어 문을 통해서 이동하는 구조였습니다. 지금 그러한 동선을 재현해 놓은 창덕궁 서편 궐내각사는 그 역사성도 물론 중요하겠으나 옛사람들

내각 현판

이 궁 안에서 움직였던 길을 따라 밟아보는 것도 상당히 의미 있는 일이 되리라 생각합니다.

담장과 담장이 이웃해 있는 전각의 겹쳐지는 지붕선의 아름다움도 한 번쯤 눈여겨보다가 좁은 문을 사뿐히 고개 숙여 지나가기도 하고, 금천으로 흘러드는 물길을 바라보면서 건너편 담장 너머로 살포시 보이는 이른 봄날의 매화를 찾아 다리를 건너보시기 바랍니다. 그리고 어쩌면 은행잎 뚝뚝 떨어지는 가을날마저도 당신께는 정말 눈부신 아름다움으로 남을 테지요.

늠름하게 잘생긴 느티나무를 오른편에 두고 궐내각사로 들어가는 문의 현판이 내각(內閣)이라 쓰여 있습니다. 내각은 규장각(奎章閣)의 또 다른 이름이기도 합니다. 정조는 규장각 소속 관리들이 숙직하며 지낼 수 있도록 집무소를 마련해두었는데, 이를 이문원(摛文院) 또는 내각이라 불렀습니다.

　내각으로 들어서서 먼저 오른쪽으로 꺾어지면 동쪽에 금천으로 흐르는 물길과 그 위에 세워진 담장, 그리고 그 너머로 몇 개의 지붕선이 겹쳐지는 멋진 풍경이 나타납니다. 궐내각사 영역에서 첫 번째 만나게 되는 아름다운 풍경 중 하나입니다. 푸른 하늘을 배경으로 겹쳐지는 지붕선의 우아한 현수곡선(懸垂曲線 : 자연스럽게 휘어지는 한옥 지붕의 곡선)과 함께 먹빛 기와 지붕의 집합은 한국의 전통 건축이 만들어내는 뛰어난 미

검서청

감의 풍경 소묘입니다. 첫 번째 문을 지나 검서청(檢書廳)이 보이는데, 〈동궐도東闕圖〉에는 대유재(大酉齋)로 표기되어 있습니다. 건물 동쪽으로 금천이 흐르고 있어 검서청에서 바라보는 풍경이 매우 아름답지요.

검서청은 규장각 검서들이 입직을 서던 규장각 부속건물입니다. 정조는 1779년 규장각에 검서관 네 명을 두었는데, 서이수 · 박제가 · 유득공 · 이덕무입니다. 이들은 조선시대 관리 등용에 차별을 받던 서얼 출신으로 무관 7품의 낮은 관직이었지만, 당시 이들 사검서(四檢書)의 등용은 그야말로 파격이었습니다. 검서들은 돌아가면서 밤새 입직을 했는데, 처음에는 적당한 입직실이 없어서 규장각 구석방에 대기하다가 1783년 규장각 왼편에 검서청을 부속건물로 지었습니다. 또 정조 이후에는 대보단에 전배하기 전날 임금이 머무는 어재실(御齋室:왕의 임시 거처)로 사용하기도 했습니다.

검서청 내부에서 바라본 풍경

검서청에서 규장각으로 나가는 작은 문

검서청 건물 옆의 작은 문을 통과하여 왼편으로 꺾어지면 규장각(奎章閣)이 있습니다. 정조는 즉위년(1776)에 역대 임금의 시문과 글씨 등을 보관할 집을 창덕궁 후원에 짓고 1층을 규장각이라 하고 2층을 주합루(宙合樓)라 했습니다. 이후 규장각의 직속 관청인 이문원을 주합루 서쪽에 두었으나 너무 후미진 곳에 있어 불편하다는 규장각 제학 유언호의 건의로 정조 5년(1781)에 이곳 궐내각사 영역으로 옮겼습니다. 《한경지략》에는 규장각을 묘사하기를, "정조의 어필로 이문지원(摛文之院)이라고 현판을 썼다 … (중략) … 왕이 하사한 투호, 거문고, 비파, 은잔, 큰 벼루 하나와 옥 등잔 6개를 들보에 걸어두고 뜰에는 구리로 만든 측우기를 두었다. 내각 집의 넓고 큰 것이 여러 관청 중 제일이었다"라고 적고 있습니다.

규장각

정조 6년(1782) 강화도에 왕실 관련 서적을 보관할 목적으로 ✿외규장
각(外奎章閣)이 설치되어 내외규장각 체제가 완비되었지요. 정조는 외규
장각이 설치되자 원래의 규장각을 내규장각(內奎章閣, 내각)이라 하고, 각
각의 규장각에 서적을 나누어 보관하도록 했습니다.

✿ **외규장각 도서**(外奎章閣圖書 les manuscrits coréens) : 병인양요(1866년) 당시 강화도에 상륙한 프랑스 극동함대 사령관 로즈 제독은 외규장각 전각을 불태워버린다. 그 결과 외규장각에 소장되어 있던 도서 5,000여 권이 소실되었고, 《의궤儀軌 》를 비롯한 340여 책의 문서와 은궤 수천 냥이 약탈되었다. 프랑스의 미테랑 대통령이 1993년 TGV의 대한민국 고속철도 수주를 위해 방한하면서 《휘경원원소도감의궤》 상1권을 반환하며 프랑스 외규장각 도서의 전체 반환을 약속했지만 양국이 합의점을 찾지 못했었다. 이후 2010년 11월 서울에서 열린 G20 정상회담에서 프랑스와의 정상회담 이후 외규장각 도서를 5년마다 갱신 대여하는 것으로 합의했고, 2011년 5월, 145년 만에 환수가 완료되었다. 이 반환은 영구대여 형식으로 한국으로 돌아왔다는 점에서 완전한 우리 소유의 문화재로 되돌려놓지 못했다는 아쉬움이 남지만 불법으로 반출된 우리 문화재가 되돌아온 데 대한 역사적인 의미가 크다.

✿ **외규장각 도서의 발견과 역사학자 박병선** : 프랑스 국립도서관에 소장되어 있던 외규장각 도서는 고(故) 박병선(1928~2011) 박사의 노력으로 세상에 그 존재를 드러냈다. 박병선은 1972년 파리 국립도서관 사서로 재직할 당시 고려시대 금속활자 본인 '직지심체요절(直指心體要節)' 하권(1377)을 발견하여 세계 최초의 금속활자본임을 알리는 업적을 세웠으며, 그 후 각고의 노력으로 1978년 외규장각 도서를 찾아내어 프랑스 정부로부터 2011년 그 대부분을 환수 받게 한 공로자이다.

✿ **의궤**(儀軌) : 조선시대 왕실의 혼사, 장례, 부묘, 건축, 잔치, 편찬 등 왕실에서 거행된 여러 가지 의례의 전모를 소상하게 기록한 서책을 말한다. 조선이 건국된 초기부터 《의궤 》가 제작되었지만 임진왜란으로 모두 소실돼 조선 중기 이후 본격적으로 제작되었다. 현재 전해지는 《의궤 》로는 1601년(선조 34년)에

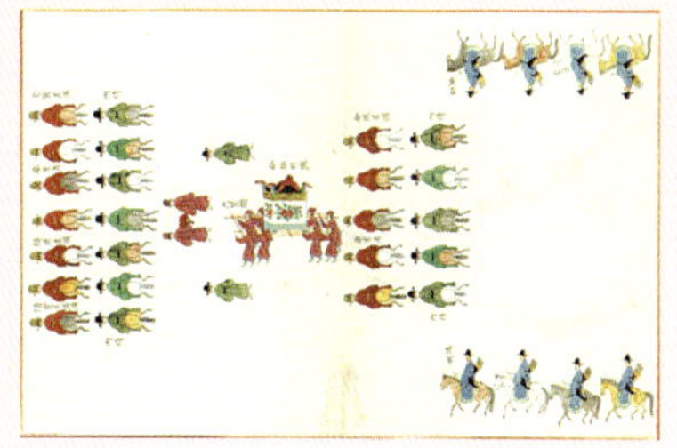

〈반차도〉 일부

만들어진 의인왕후의 장례에 대한 것이 가장 오래된 것이며, 19세기까지 시기가 내려올수록 종류도 많아지고 질적인 수준도 높아졌다. 문자로 표현하기 어려운 도구와 건물을 그림으로 그려 기록했는데, 의례 행렬을 표현한 〈반차도班次圖〉와 같은 그림은 화려한 천연색으로 실었다.

# 봉모당과 향나무

　규장각을 보고 다시 돌아 나오면 검서청 북쪽에 봉모당(奉謨堂)이 있습니다. 봉모당으로 들어가는 운한문(雲漢門) 앞에는 계단이 있고, 담장 아래에는 앵두나무를 잔뜩 심어서 봄이면 흰 앵두꽃이 눈부신 곳입니다. 늦은 봄날 난분분 날리는 개울가의 흰 꽃잎은 아주 잠깐 볼 수 있는 봄날의 정취입니다. 봉모당은 〈동궐도〉에는 소유재(小酉齋)로 표기되어 있습니다. 역대 선왕의 유품을 보관하던 전각으로 '봉모(奉謨)'는 '모훈의 자료를 받들어 간직한다'는 뜻입니다. 정조 때 역대 선왕들의 유품

운한문과 봉모당

운한문의 문고리 장식

어제·어필·어화·고명·유고 등을 옛 열무정 건물로 옮기고 봉모당이라 했습니다. 현재의 건물은 정조 사후 규장각의 규모가 축소되면서 철종 8년(1857)에 후원 내의 봉모당 기능을 이곳으로 옮긴 것입니다. 이곳에 있던 장서는 1969년 창경궁 장서각(藏書閣)으로 옮겨졌습니다. (《궁궐지》와 《한경지략》 모두 대유재와 소유재의 위치를 설명하고 있는데, 대유재는 이문원의 북쪽에 있고 소유재가 이문원의 동쪽에 있다고 기록되어 있어 〈동궐도〉상의 대유재와 소유재에 대한 표기가 오류일 것으로 보인다.)

봉모당과 왕실의 서고였던 보각 사이의 잔디밭 왼쪽 끝 길가에는 수령 750년으로 추정되는 향나무(천연기념물 제194호)가 그 위용을 자랑하고 있습니다. 6미터에 달하는 높이를 자랑하던 향나무는 2010년 9월 태풍 곤파스로 윗가지가 부러지고 수세가 약해졌지만, 용트림하는 모양의 줄기가 늠름한 그 위용을 보여주고 있습니다.

향나무

# 금천의 물길을 따라가다

이제 오른쪽으로 시선을 두고 걷다 보면 동쪽의 억석루(憶昔樓)와 구선원전(舊璿源殿)을 구획 짓는 담장이 주는 시각적인 차단으로 전각 안쪽 부분에서는 볼 수 없는, 또 다른 바깥 구도가 형성됩니다. 발아래 이어지는 금천의 물길과 수각, 담장 위로 펼쳐지는 인정전을 비롯한 동쪽 영역의 전각들이 보여주는 지붕선의 구성이 매우 아름다운 곳입니다. (주의!! 이곳의 문들은 그 높이가 매우 낮아서 자칫 주변 풍경에 눈을 빼앗긴 채 걷다가 문머리에 이마를 부딪치는 경우가 종종 발생합니다.)

금천의 수각

동쪽 담장의 봄과 가을 정경

책고

구선원전 영역으로 진입하기 전, 은행나무를 등지고 다리 위에 서서 오던 길을 바라보는 여유와 지나온 작은 문의 운치를 느껴보시기 바랍니다. 책고(冊庫)와 은행나무의 장대한 풍광이 눈길을 끄는데, 책고는 그냥 창고의 형태로 기다란 집입니다. 그런데 그 책고 앞마당에 서 보면 서쪽의 담장과 그 기다란 집이 주는 심플한 구조가 마음을 아주 편안하게 만들어 주는 묘한 운치가 있습니다.

다리 위에서 선원전 북쪽으로 보면 소나무 숲 사이로 덩그런 집 한 채가 보입니다. 의풍각(儀豊閣)입니다. 일제강점기에 지어진 것으로 추정되는데 원래 〈동궐도〉에는 없는 집으로 왕실에 소속된 물건을 보관하던 창고로 쓰였던 것으로 추측됩니다.

의풍각

　구선원전 북쪽에는 경복전(景福殿)이 있었습니다. 〈동궐도〉에는 '경복전기(景福殿基)', 즉 경복전 터로 표기되어 있어서 〈동궐도〉가 그려질 무렵에 이미 없어진 것을 알 수 있습니다. 경복전은 순조 24년(1824)에 불타 없어지고 말았습니다. 《궁궐지宮闕志》에는 경복전이 선원전의 북쪽에 있다고 적고 있습니다. 그리고 경복전의 서쪽에 영모당(永慕堂)이 있었습니다. 영모당은 숙종의 계비인 인원왕후의 대비전이었고, 경복전은 영조의 계비 정순왕후의 대비전이었습니다. 현재의 의풍각 일대는 바로 창덕궁의 대비전이 있던 곳입니다. 그리고 의풍각 자리에는 대비전을 위한 수라간인 주방(廚房)과 생물방(生物房)이 있었습니다.

# 담장 안으로 들어가다

　책고를 뒤에 두고 다리를 건너 큰 문을 지나 담장 안으로 들어서면 분위기는 사뭇 아늑해집니다. 담장이 감싸 안은 공간의 안정감이겠지요. 이 담장 안에서 보는 검서청과 봉모당의 풍경이 그쪽에서 볼 때와는 또 다른 느낌을 줍니다. 담장 밖을 내다보는 풍경으로 이렇게 같은 집이라도 어느 쪽에서 보느냐에 따라 그 분위기가 달라지는 것을 볼 수 있습니다.

담장 안으로 들어서면 구선원전으로 들어가는 정숙문과 2층 누각 억석루가 보인다.

억석루

　구선원전 남쪽 행각에 위치한 2층으로 지은 집, 억석루가 있습니다. 《한경지략》에 영조가 ✿신농씨(神農氏)의 위판을 모시고 제사를 지내도록 내의원(內醫院)에 명하면서 '입심억석(入審憶昔)'이라는 네 글자를 써주었다고 하는 것으로 보아 내의원에 속한 부속건물로 짐작됩니다.

　억석루 앞 작은 문을 통해 들어서면 선원전 마당이 보입니다. 선원전은 왕실의 정통성을 세우고 왕실의 근원과 흐름을 알게 하는 인도로 선왕을 섬기던 진전(眞殿)입니다. 태조와 현 왕의 4대조의 어진을 모셔 놓

✿ 신농씨 : 고대 중국 신화에 나오는 삼황(三皇) 중 2번째 황제로 정식 이름은 염제(炎帝)이다. 신농은 중국을 확고한 농경사회로 만드는 데 기여했다고 알려져 있다. 그가 작성한 365종의 약초에 관한 목록은 후대 식물의학의 기초가 되었다.

구선원전 건물과 측백나무

고 매월 초하루와 보름에 왕이 친히 향을 올리고, 생신, 기제사 등에는 수시로 간소한 다례를 올리던 곳입니다. 역대 왕과 왕비의 신주(神主)를 모셔 놓고 제향(祭享)을 올리는 ✿종묘(宗廟)가 국가의 사당이라면, 선원전은 왕실의 사당으로 볼 수 있습니다.

창덕궁에는 선원전이 두 군데 있습니다('신선원전' 참조). 1921년 일제에 의해 창덕궁의 서북쪽에 있던 북영(군사시설이 있던 곳) 터에 새로 지어진 신선원전(新璿源殿)과 본래의 자리에 빈 건물로 남은 구선원전입니다. (예전에는 인정전 서편의 만안문을 이용해서 양지당을 통해 선원전으로 들어갔다.) 동쪽의 보춘문을 통해 양지당(養志堂)으로 들어갑니다. 양지당은 임금이 선원전에서 재를 올리기 전 머물던 곳으로 어재실(御齋室)입니다. 어진을 담은 궤를 보관하기도 했고, 영조가 자신의 옷을 보관하게 한 기록도 있습니다.

보춘문 너머로 맞배지붕인 양지당과 팔작지붕인 인정전이 보인다.

선원전의 정전 북쪽에 자리한 숙경재(肅敬齋)는 왕실 여인들이 전배하는 내재실로, 진전의 음식을 장만하는 주방과 생물방 가까이에 위치했

✿ **종묘제례**(宗廟祭禮) : 조선시대 역대 왕과 왕비의 신주를 모신 종묘의 제향의식(祭享儀式)이다. 종묘는 태조부터 순종에 이르기까지 19실의 신위를 봉안하며, 별전인 영녕전에는 16실의 신위를 봉안하고 있다. 종묘제향은 정시제(定時祭)·임시제(臨時祭)·속절제(俗節祭)·장제(葬祭)가 있다. 정시제는 춘하추동 4계절과 납일(臘日)에 지내다가 납일제향은 폐지되었다. 임시제는 나라에 길흉이 있을 때 종묘에 먼저 고유(告由)하는 제이다. 속절제는 사시 명절에 행하는 제이고, 장제는 상의(喪儀) 중에 행하는 제이다. 종묘대제는 일제강점기를 거치며 변질되고 잘 지켜지지 않다가 1969년 전주이씨대동종약원(全州李氏大同宗約院)이 주관하면서 매년 5월 첫째 일요일에 전통 제례의식으로 봉행하고 있다. 조선시대의 종묘대제는 왕이 친히 제향을 올리는 친행(親行)과 세자나 고관이 대행하는 섭행(攝行)이 있었는데, 제관의 명칭과 품계가 달라질 뿐 절차는 같다. 절차는 대제의 전날 전향축례(傳香祝禮)·제찬진설(祭饌陳設)·분향(分香)·분축(分祝) 행사를 하고, 당일에 정전 제향을 봉행한다. 신관례(晨祼禮)-초헌례(初獻禮)-아헌례(亞獻禮)-종헌례(終獻禮)-음복례(飮福禮)-망료(望燎)의 순서로 진행된다.

66

양지당

습니다. 내재실을 정전 북쪽에 배치한 것은 선원전에서 다례를 드릴 때 남자들과 왕실 여인들이 서로 마주치지 않도록 하기 위해 고려한 것으로 보입니다.



❖ **영의사**(永依舍) : 선원전의 부속건물로 선원전 행각 남쪽에 있다. 양지당을 지나 계단을 내려오면 오른쪽에 있는데 편액이 없다.

❖ **향실**(香室) : 제사에 쓰이는 축문을 쓰고 향을 관리하던 곳이다.

❖ **예문관**(藝文館) : 인정전 서쪽 행각과 향실이 맞닿아 있는 곳에 있다. 임금의 명령인 전교, 관직의 임명장인 사령서 등을 작성하는 관청이다. 예문관원 중에 사관이 있어서 사초를 작성하여 실록 편찬의 자료로 보관한다.

　　양지당을 나와 약방(藥房)으로 갑니다. 약방은 옥당(玉堂)의 북쪽에 있습니다. 약방은 내의원 관청이 있던 건물로 왕과 왕실의 진료를 담당하는 곳입니다. 내의원의 책임자인 도제조(都提調)와 제조(提調)가 5일마다 의원을 인솔하고 임금께 문안하고 진찰하기를 청했습니다.

　　내의원에서는 약은 물론 차도 달여 올렸는데, 물은 꼭 한강 한가운데서 길어다 은으로 만든 탕관에 달였다고 합니다. 약방 마당 남쪽에 작

약방

약방 현판

은 문이 있고, 그 안에 내의녀들의 공간이 있습니다. 내의녀는 당시 궁궐의 여성들을 위해 간단한 진료를 할 수 있던 여자 의사라고 할 수 있지요.

이곳 약방에서 효성스러웠던 국왕 영조의 이야기를 잠시 떠올려봅니다. 국왕의 내의원 진찰 거부로 대신들이 곤욕을 치렀던 사건입니다.

영조는 재위 15년에 단경왕후의 온릉(溫陵)에 전배하고 돌아오는 길에 어머니 숙빈묘에 갑자기 들렀습니다. 단경왕후는 중종반정 때 강제로 폐출당한 중종의 첫 부인 신씨입니다. 영조는 신씨의 신원을 복원시킨 후에, 단경왕후의 능에 참배를 하러 갔던 것입니다. 궁으로 환궁한 후, 영조는 여러 차례에 걸쳐 약방의 입진을 거부하는 행위로 대신들을 당황시켰습니다. 대신들이 숙빈묘 참배 때 소홀히 했다는 이유였습니다. 그리고 영조는 어머니에 대한 효심을 고사의 예에 비추어 에둘러 표현했습니다. 영조의 속내는 어머니 숙빈 최씨의 신원을 대신들이 알아서 추숭해주기를 기대했던 것입니다. 당시 약방에서 왕의 건강을 살피는 일은 매우 중요한 일이었는데, 왕이 내의원의 입진을 거부하는 일은 큰 사건이 아닐 수 없었을 것입니다. 그리고 이 사건은 그 일을 무기로 자신의 숨은 뜻을 관철시키려고 했던 영조의 술수였음을 읽을 수 있습니다. (영조 15년 8월 23, 24, 27, 28일에 걸친 기사에 약방 도제조 입진 거부를 확인할 수 있다 : "약원도제조 김흥경 등이 입진을 청했으나, 또 윤허하지 않았다.")

玉堂

# 옥당(홍문관)

　약방을 둘러보고 밖으로 나오면 금천교와 진선문이 보입니다. 이번에는 금천교를 건너선 위치에서 금천교도 다시 한 번 둘러보고 시간이 많이 바쁘지 않다면 옥당(玉堂)으로 들어가 보시기 바랍니다. 관람 동선이 연결되어 있지 않아 들어갔다가 다시 그 문으로 나와야 하는 번거로움은 있겠지만 그럴만한 가치가 충분한 공간입니다.

　옥당은 홍문관(弘文館)의 별칭으로 '옥같이 귀하고 아름다운 사람들이

옥당의 조각담

모이는 곳'이라는 뜻입니다. 홍문관은 집현전의 후신으로서 학문연구나 시강기관으로서의 기능과 언론기관으로서의 기능을 발휘했습니다. 홍문관 관원은 궁궐에 보관되어 있는 서적을 관리하고, 문한(文翰)을 다스리며, 왕과 함께 경전과 역사책을 읽고 토론하는 경연에 참여했습니다. 또한 임금의 고문에 응하는 자문기구로 왕의 교지를 작성하는가 하면, 사헌부·사간원과 함께 언관의 기능도 수행하여 삼사(三司)로 불렸지요. 홍문관원은 늘 왕을 곁에 모시는 측근이었습니다.

이렇기에 홍문관 관원은 그 업무와 관련하여 능력이 있고 가문이 좋을 뿐만 아니라, 특히 국왕 앞에서 경연을 이끌어갈 만한 학식과 언변이 뛰어난 인물이라야 했습니다. 이들은 국왕의 총애와 신간 서적의 사급, 사가독서(賜暇讀書), 음식물을 하사 받는 등 대간보다 우월한 지위와 대우를 누렸습니다. 따라서 홍문관 관원이 된다는 것은 관리로서 요직에 나아갈 수 있는 위치에 올라섰다 하여 ✿청요직(淸要職)으로 불렸던 선망의 자리이기도 합니다.

풍상이 섞어 친 날에 갓 피온 황국화를
금분에 가득 담아 옥당에 보내오니
도리야 꽂인 양 마라 님의 뜻을 알괘라.

옥당의 매화나무

송순(宋純, 1493~1582)의 시가 떠오르는 공간입니다. 옥당은 왕이 접근하기 쉬운 위치에 있었고, 궐내각사 영역에서 상당히 중요한 건물입니다. 왕은 수시로 옥당에 드나들면서 정무를 행했던 것으로 보입니다. 옥당은 기능상 서적을 보관하던 곳인 만큼 옥당 동쪽의 좁은 계단이 딸린 누상고(樓上庫)·등영루(登瀛樓)는 서적 관련물을 보관했을 것으로 짐작해볼 수 있습니다.

옥당 내부의 마당 남서쪽에는 서로 연결되지 않는 작은 조각담이 있습니다. 옥당의 안마당이 좁은 공간임에도 조각 내담을 둘러 문간채의 문으로부터 차폐 기능을 합니다. 이곳은 왕이 수시로 드나들던 중요한 곳이었음을 말해주는 동시에 안쪽에 있는 사람들의 심리적 안정감을 고려한 시각적인 공간 구획으로 볼 수 있습니다. 그 조각 담장 안쪽에 매화나무 한 그루가 있습니다. 봄이면 이 옥당 좁은 마당에 옥같이 귀한 매화향이 가득합니다.

4

인정전, 어진 정치를 펼치다

인정문 앞마당에도 궐내각사가 있어 중요한 행사가 치러지기도 했습니다.

## 두 번째 문, 진선문

금천교를 지나 만나는 문이 진선문(進善門)입니다. 태종과 영조 때 진선문 안에 북(신문고·등문고)을 설치하고 민원을 듣고자 했습니다. 사실 일반 백성이 삼엄한 궁궐 안에 들어와 자신의 억울함을 말하기 위하여 큰 문을 지나서 그 안에 설치되어 있는 북을 친다는 일은 자칫 상상하기 어려운 일이었겠지요. 신문고를 진선문 안에 설치했다는 실록의 기사는 그래도 조선의 왕은 백성의 소리를 들으려 했다는 형식적인 제스

금천교와 진선문

처 정도로 비추어질 수 있습니다. 그러나 억울한 일을 당한 자가 먼저 북을 치고 나중에 그가 사는 곳을 확인하게 한 《태종실록》의 기사(태종 2년 1월 26일자)에서 신문고를 쳐서 민원을 제기하는 제도가 실제로 실행되었다는 것을 알 수 있습니다. 이 제도가 실시되는 동안 무고로 인한 혼란으로 폐지와 설치가 반복되는 경우가 있기는 했지만 말이지요.

● 태종 1년(1401) 8월 1일 1번째 기사
고(告)할 데가 없는 백성으로 원통하고 억울한 일을 품은 자는 나와서 등문고(登聞鼓)를 치라고 명령하였다. 의정부에서 상소하기를, "서울과 외방의 고할 데 없는 백성이 원억(冤抑)한 일을 소재지의 관사(官司)에 고하여도, 소재지의 관사에서 이를 다스려 주지 않는 자는 나와서 등문고를 치도록 허락하고, 등문(登聞)한 일은 헌사(憲司)로 하여금 추궁해 밝혀서 아뢰어 처결하여 원억한 것을 펴게 하고, 그중에 사(私)를 끼고 원망을 품어서 감히 무고(誣告)를 행하는 자는 반좌율(反坐律)을 적용하여 참소하고 간사한 것을 막으소서" 하여, 그대로 따르고, 등문고를 고쳐 신문고(申聞鼓)라 하였다. "신문고를 설치하는 것이 좋기는 좋은데, 무고로 치는 자도 간혹 있습니다."

● 태종 2년(1402) 1월 26일 3번째 기사
의정부에서 상소하기를, "신문고는 순군(巡軍)의 영사(令史) 한 명과 나장(羅將) 한 명으로 지키게 하고, 와서 치려는 사람이 있으면 영사는 달려가 관리에게 고하여 그 북을 치려는 사유를 물어, 만약 역적을 음모한 일이면 바로 치게 하고, 또 정치의 득실과 원통하고 억울함을 펴지 못한 등의 일에 대하여서는, 그것이 월소(越訴)가 아니면 실정을 자세히 물어서 초사(招辭)를 받아들이고, 즉시 나장에게 그의 주소를 알게 한 뒤에 북을 치도록 하소서" 하니, 임금이 말하였다. "먼저 북을 치게 한 뒤에 사람을 시켜 그 사는 곳을 알게 하라."

진선문을 지나 길게 이어지는 삼도를 따라 가면 또 하나의 마당이 인정문 앞으로 펼쳐집니다. 인정문 앞마당 영역에도 궐내각사가 배치되어 있어서 이곳에서 펼쳐졌던 중요한 의식을 짐작해볼 수 있습니다.

78

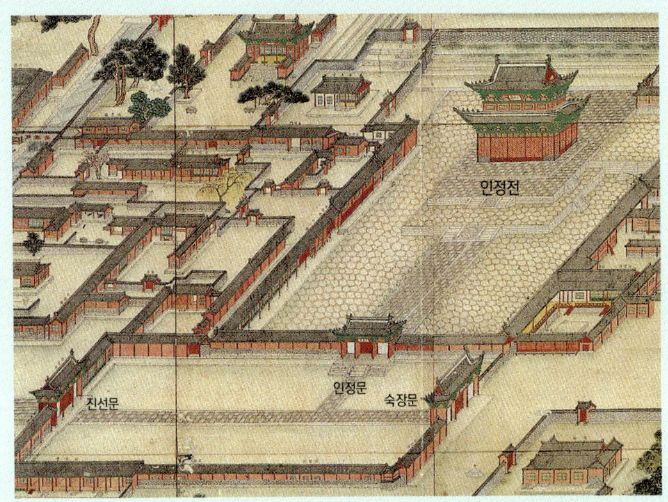

〈동궐도〉 인정전 영역

## ❖ 인정문 앞의 궐내각사

**정청**(政廳) : 진선문을 들어서면 바로 왼편에 있다. 정청은 이조와 병조에 속한 인사 업무를 처리하던 곳이다.

**내병조**(內兵曹) : 진선문 들어서자마자 오른편에 있다. 내병조 마당이 남쪽으로 있어서 진선문 안에서 볼 때 등을 돌리고 있는 집이다. 궁궐 안에 있는 병조라는 의미의 군사시설로 내병조에서는 궁궐의 각 문의 자물쇠를 관리하고 임금의 행차가 있을 때 어가를 선도하며 시위(侍衛)한다. 내병조에서는 절기에 따라 불을 바꾸는 개화행사를 주관하기도 했다.

**호위청**(扈衛廳) : 호위청은 임금의 호종과 호위를 맡은 관청으로 인조반정 이후 설치되었다. 호위청의 대장은 임금의 장인이나 정승이 겸했다고 한다.

**상서원**(尙瑞院) : 상서로운 기물을 담당하는 관서라는 뜻으로 임금의 옥새와 마패, 절월(節鉞 : 관찰사·유수·병사·수사·대장·통제사들이 지방에 부임할 때 임금이 내어주던 물건) 등을 관리하던 곳이다.

역사의 굴곡에도 불구하고 의연한 인정전 앞에 서봅니다.

# 인정문과 인정전

인정문(仁政門) 앞, 삼도의 끝에 서면 높은 월대에 세워진 인정전(仁政殿)이 보입니다. 인정전 뒤로 펼쳐지는 일월담은 이름대로 음양의 우주 조화를 품고 있습니다. 인정전 조정의 양 날개처럼 벌려선 동서 행각도 장엄하군요. 문 밖에서 바라보는 월대 위의 인정전은 그 역사적인 골곡에도 불구하고 여전히 당당함을 잃지 않고 있습니다.

인정문

인정문 안으로 들어서기 전에 인정문 앞의 너른 마당을 살펴보아야겠습니다. 이 인정문 마당에서는 아주 중요한 국가 행사들이 치러졌습니다. 그중 조참(朝參) 의식이 행해졌는데, 조참은 문무백관이 아침에 왕에게 문안을 드리는 의례로 《경국대전》을 보면 매월 5일, 11일, 21일, 25일에 열렸습니다. 그리고 왕의 즉위식이 바로

인정전 동쪽 행각

인정문 앞마당에서 치러졌습니다. 국왕이 승하하면 왕세자는 선왕의 장례 기간 중 6일째 되는 날 성복(成服 : 상주로서 상복을 입는 일)을 합니다. 성복을 한 후에 비로소 후계자로서의 자격을 얻게 되고 선왕의 빈전에서 대보(大寶 : 옥새)를 받습니다. 그런 다음 인정문 앞 중앙에 설치한 임시 어좌(御座)에 앉아 즉위식을 합니다. 대부분의 왕들이 궁궐 법전의 정문에서 즉위를 했습니다. 처음부터 법전의 용상에 앉아 즉위식을 치르지 않는 이유는 아직 즉위를 하지 않은 왕세자나 왕세제(왕의 동생을 세자로 책봉하는 경우 그 동생을 말함)의 신분으로 왕의 권좌인 용상에 앉을 수는 없다는 해석이 가능합니다. 창덕궁 인정문에서 즉위한 조선의 왕은 연산군·효종·현종·숙종·영조·순조·철종·고종으로 모두 여덟 명입니다.

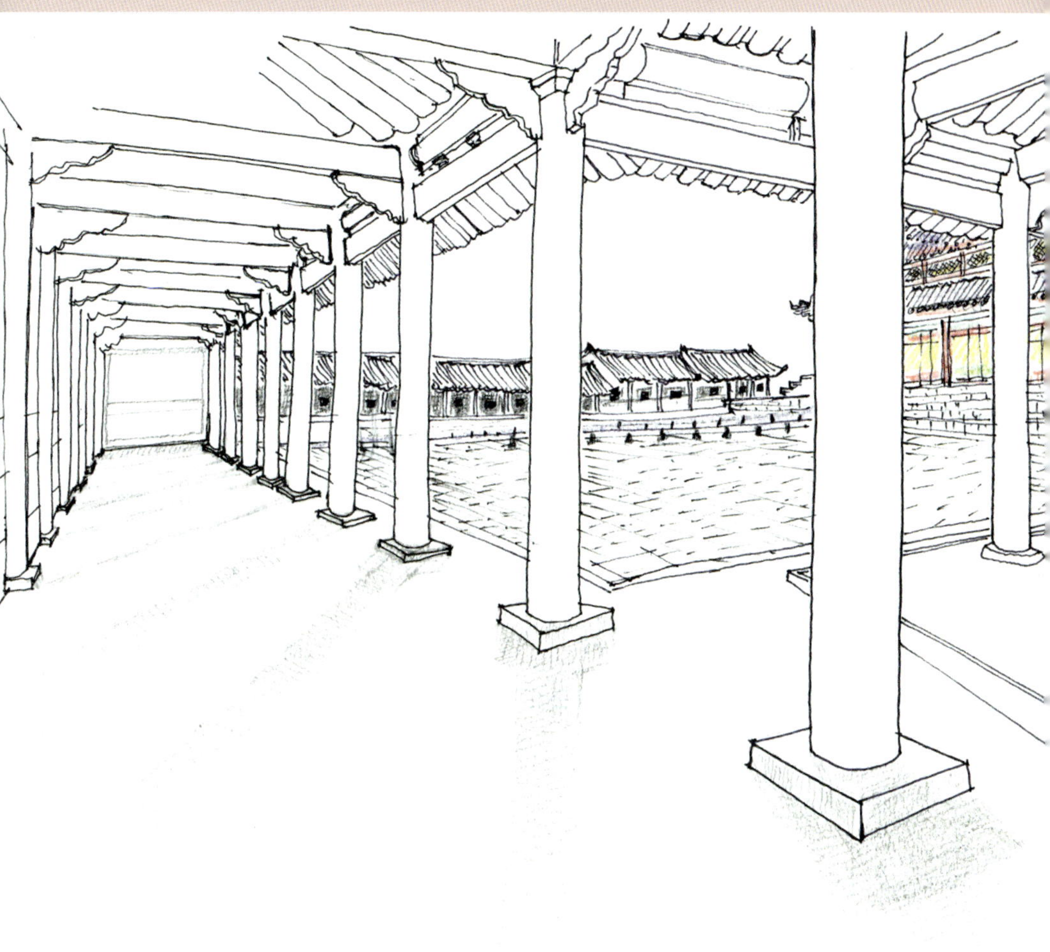

동남쪽 행각에서 바라본 인정전

# 눈물의 즉위식

왕의 즉위식은 선왕으로부터 양위를 받거나 반정으로 스스로 왕위에 오르는 경우가 아니라면 대부분 선왕이 사망한 장례기간 중에 행해지기 때문에 몹시 슬픈 상황을 연출하고 있습니다. 많은 사람들이 드라마로 엮어지는 영상물의 영향으로 흔히 왕의 즉위식이 매우 화려하고 장대하며 즐거운 행사로 착각을 하고 있지요. 그것은 순전히 우리가 그동안 아무 인식 없이 받아들였던 텔레비전 사극 드라마의 잘못된 묘사 때문입니다.

왕이 돌아가시면 제일 먼저 빈전도감이 설치되고, 왕의 시신을 모실 빈전(殯殿)을 궁내의 전각에 마련합니다. 빈전은 선왕의 시신을 모신 재궁(梓宮)을 설치하는 곳입니다. 그리고 다음 왕위를 이어받을 왕세자는 빈전 근처에 임시로 설치한 여차(廬次 : 상중에 상주가 거쳐 하기 위해 초가집으로 만든 막차幕次)에서 기거를 합니다. 선왕 서거 6일째 되는 날 성복을 하고 그 성복일에 새 왕의 즉위식이 치러졌습니다.

즉위식은 왕이 돌아가신 날로부터 6일째 되는 날 거행하는데, 크게 두 단계로 이루어집니다. 사왕(嗣王 : 다음 왕위를 이어받는 왕)은 돌아가신 왕의 관을 모신 빈전에서 선왕의 유언이 담긴 유교를 영의정으로부터 받고, 옥새는 좌의정에게서 받습니다. 그런 다음에 왕은 정전 문 한가운데 남쪽을 향해 설치된 어좌에 앉아 신하들의 하례를 받았습니다. 즉

왕의 즉위식이 치러진 인정문 앞마당

위식 때 왕은 구슬을 꿴 줄이 달린 면류관을 쓰고 9가지 문양이 장식된 구장복을 입고, 신하는 금관조복 차림을 하며, 식이 끝나면 왕과 신하는 다시 상복으로 갈아입었습니다.

　숙종의 즉위례(卽位禮)를 보면 선왕인 현종이 승하하자 빈전이 선정전에 차려졌습니다. 며칠을 차마 사위(嗣位 : 왕위를 이어받음)할 수 없다고 사양하다가 성복일에 이르러서야 막차(幕次 : 의식이나 거둥 때에 임시로 장막을 쳐서 머물게 한 곳)에서 면복(冕服 : 면류관과 구장복)으로 갈아입은 왕세자가 빈전에서 무릎을 꿇고 옥새를 받습니다. 빈전에서 대보를 받고 향안례를 마친 왕세자가 연영문, 숙장문을 거쳐 인정문 앞 즉위 처소에 당도합니다. 왕세자는 이곳에서도 여러 차례의 사양과 눈물 속에 차마 어좌에 오르지 못합니다. 마침내 대신들의 거듭되는 간곡한 청으로 사왕이 인정문 앞에 설치해 놓은 임시 어좌에 앉아 신하들의 하례(賀禮)를 받습니다. 백관들은 왕에게 사배를 올리고 산호(山呼 : 임금의 만수무강을 비는 뜻에서 신하들이 두 팔을 치켜들고 일제히 크게 외치던 일)를 합니다. 천세, 천세, 천천세!

이때 악대를 설치하지만 연주는 하지 않았습니다. 즉위를 마친 왕은 걸어서 인정전 어도를 지나 인정전에 올랐다가 여차로 돌아갑니다. 왕은 다시 최복으로 갈아입은 후 여차로 돌아가 상주 노릇을 합니다. 국왕의 즉위는 막중한 국가대사였음에도 선왕의 상중에 치러지기 때문에 그 분위기는 매우 엄숙하고 슬펐습니다.

즉위식을 마친 후 인정문에서 즉위 교서를 선교관이 반포했습니다. 왕의 비서실인 승정원에서는 교서를 지방의 각 도에 내려보냄으로써 왕이 즉위했음을 알렸습니다.

● 숙종 즉위년(1674) 8월 18일 1번째 기사
현종대왕 15년 8월 18일, 현종대왕의 병세가 매우 위독하였다. 영의정 허적, 좌의정 김수항, 우의정 정지화와 승지·사관이 빠른 걸음으로 침실에 들어왔는데, 해시에 임금이 승하하였다.

● 숙종 즉위년(1674) 8월 21일 1번째 기사
왕세자가 또 사위(嗣位)하는 절목(節目)을 도로 내려주면서 말하기를, "애통망극한 중에 이 말을 연달아 듣게 되니, 심장이 찢어지는 듯하여 어찌할 바를 알지 못하겠다." …

(중략)…“나의 망극한 정회(情懷)를 이미 원상(院相)에게 유시(諭示)하였다. 매양 이 말을 들을 때마다 오장이 찢어지는 듯한데, 경(卿) 등은 어찌 이를 헤아리지 못하는가?”하였다.


● 숙종 즉위년(1674) 8월 21일 4번째 기사
삼공(三公)이 백관(百官)을 거느리고서 사위(嗣位)하기를 진청(陳請)하니, 왕세자가 답하기를, “경(卿) 등의 청이 비록 간절하지만, 결단코 정리(情理)를 참고서 이 일을 할 수는 없다. 경 등이 어찌 이런 정리를 헤아리지 못하는가?”하였다.


● 숙종 즉위년(1674) 8월 23일 1번째 기사
왕세자가 인정문에서 즉위하였다. 왕비를 높여서 왕대비로 삼고, 빈(嬪) 김씨를 왕비로 삼았으며 교서를 반포하여 대사(大赦)하였다. 그 교서의 글은 아래와 같다. …(중략)… 이날 성복을 마치고 왕세자가 관면(冠冕)과 길복(吉服)을 갖추고, 규(圭)를 쥐고 여차로부터 걸어가면서 곡하였다. 내시 2인이 좌우에 끼고 보호하여 선정전 동쪽 뜰에 나아가 빈전을 향하여 사배례(四拜禮)를 행하고, 섬돌에 올라가 전내(殿內)의 향안(香案) 앞으로 들어가서 향을 피우고는 내려와 그 전자리로 돌아와서 또 네 번 절하고 동쪽 행랑의 막차(幕次)로 들어갔다. 조금 후에 왕세자가 선정문으로부터 걸어 나와서 연영문을 따라 가서 숙장문을 나와서 인정문에 이르니, 승지와 사관이 따라 나갔다. 왕세자가 서쪽을 향하여 어좌 앞에 서서 차마 자리에 오르지 못하고 소리를 내어 슬피 울기를 그치지 아니하였다. 승지와 예조 판서가 서로 잇달아 임금의 자리에 오르기를 권하였다. 삼공이 도승지와 더불어 나아가 왕세자를 부축하면서 번갈아 곡진히 말하였다. 왕세자가 눈물을 흘리면서 슬피 우니, 이 날 뜰에 있던 백관(百官)과 군병(軍兵)으로서 목소리를 내지 못할 정도로 울부짖지 않는 사람이 없었다. 왕세자가 어좌에 오르니, 백관들이 사배하고 의식대로 산호(山呼)하였다. 예를 마치자, 사왕(嗣王)이 인정문으로부터 인정전에 올라가 인화문으로 들어와서 여차로 돌아왔는데, 우는 것이 끊어지지 않았으며 소리가 밖에까지 들렸다.

인정전(仁政殿)으로 들어섭니다. 우선 인정전이라는 이름이 주는 이 전각의 의미를 한번 생각해보겠습니다. '인정(仁政)'은 '어진 정치'라는 뜻으로, 특히 맹자가 강조한 왕도정치(王道政治)를 가리키는 말입니다. 왕으로서는 당연히 백성을 위한 어진 정치를 펼쳐야 했겠지요. 그 결과 가 역사에 꼭 바라던 대로 흘러간 것만은 아니었지만 말입니다.

인정전은 창덕궁의 으뜸 전각인 법전(法典 : 정전)으로 의식 공간입니다. 왕의 즉위식, 세자책봉식, 가례, 조하(朝賀 : 정월 초하루, 동짓날, 매월 초하루와 보름에 왕과 왕비에게 하례를 올리는 일)와 외국 사신 접견, 과거시험 등 공식적인 국가 행사를 치르던 곳입니다. 인정전은 정면 5칸과 측면 4칸의 중층 팔작지붕 건물로, 밖에서 볼 때 2층으로 보이지만 내부는 1층으로 천장이 높은 통층(通層) 건물입니다. 외관이 주는 상징성에 초점을 맞추어 크고 높고 화려하게 지었습니다. 인정전의 높은 월대와 지붕의 잡상은 임금의 권위와 존재를 나타내는 상징물입니다.

인정전 뒤는 백두산으로부터 삼각산(북한산), 보현봉, 백아, 응봉을 거쳐 인정전으로 이어지는 백두대간의 정기를 연결하는 의도로 기단을 쌓고, 뒤편 북쪽 담장은 일월성신의 보호를 구하는 의미로 일월담으로 꾸몄습니다. 일월담의 무늬는 다른 꽃담처럼 화려하지 않지만 일월을 상징하는 둥근 문양과 긴 담장에 평행하게 그어진 벽돌의 직선 문양이

인정전 지붕 용마루의 오얏꽃 문장

조화를 이룬 우아한 구성을 보여줍니다.

멀리 보이는 인정전 지붕의 용마루를 보면 구리로 주물을 떠서 만든 꽃 문양 다섯 개가 붙어 있습니다. 사람들은 이 꽃 문양을 조선왕조(대한제국)의 상징 문장으로 이화문장(李花 : 오얏꽃)이라고 부릅니다. 현재의 식물 학명에서는 오얏은 자두의 다른 표기로 되어 있으나, 오얏꽃을 굳이 구분하자면 우리나라 토종 자두꽃이라고 말할 수 있습니다. 인정문 지붕 용마루에는 이 꽃 문양이 앞뒤로 각각 세 개씩 붙어 있고, 인정전 용마루에는 뒤쪽의 것은 떨어져 나가고 현재 앞쪽에만 다섯 개가 붙어 있습니다.

1907년 고종이 순종에게 양위하고 나서 순종은 창덕궁으로 이어했습니다. 《순종실록》의 기사로 보아 인정전 용마루의 ❀오얏꽃 문양은 1907년 11월 순종께서 창덕궁으로 이어할 무렵 인정전을 수리하면서 용마루에 설치했을 것으로 추정됩니다.



조선총독부에서 발간한 《조선고적도보》에 실린 인정전 사진에는 오얏꽃 문장이 없습니다. 이 사진은 일본 건축사학자 세키노 다다시(關野貞, 1867~1935)가 1902년부터 1904년까지 조선의 옛 건축물을 조사하면서 찍은 것입니다. 원래의 인정전 용마루에 없던 문장이 박혀 있는 것이지요. 인정전 용마루의 오얏꽃 문장은 다분히 일본풍으로 조선 전통 건축물에는 등장하지 않던 장식입니다. 이 문양을 도입한 것이 당시 힘

❀ 오얏꽃 문양 : '이화(李花)'라는 이름으로 더 친숙한 자두나무 꽃이며, 대한제국 황실 문장으로 사용된 문양이다. 오얏꽃 문양은 조선 말기에도 궁궐 장식과 화폐에 표현된 예가 일부 보이지만, 대한제국 설립 이후에 공식적인 황실 문장으로 창덕궁 인정전과 덕수궁 석조전 등의 건축물, 새롭게 제정된 훈장과 군복, 황실 공예품에 사용되었다. 문장의 구성은 오얏꽃을 매우 간결하게 정형화하여 다섯 개의 꽃잎을 좌우대칭으로 배치하고, 각각의 꽃잎에 세 개의 꽃술을 일정하게 배열한 것을 기본 형태로 한다. 황족들 중에는 대한제국 왕실 문장을 응용하여 문장을 만들기도 했다. 운현궁(雲峴宮)에서는 오얏꽃을 가운데 두고 둥근 띠를 한 줄 두른 것, 사동궁(寺洞宮)에서는 오얏꽃에 둥근 띠를 두 줄 두른 것을 사용했다. 오얏꽃 문장은 대한제국 황실과 황족만이 사용할 수 있는 것으로 황족의 생활공간과 생활용품 등에까지 널리 사용되었다.

90

1848년에 제작된 '인정전 진하도' 일부

이 없던 조선 황실의 자주적인 결정인지, 아니면 시기적으로 일본의 입김이 작용한 것인지는 확실하지 않습니다.

그러나 19세기 말에서 20세기 초의 흐름으로 볼 때 고종이 대한제국을 선포하고 서양의 선진화를 받아들이는 입장에서 매우 적극적이고 개방적이었던 점을 간과할 수는 없습니다. 1895년 청일전쟁에서 일본이 이기고 1897년 고종이 대한제국을 선포하면서 나라의 공식 국기와 문장(마스코트)이 필요하게 되었습니다. 이 시기에 훈장과 군복은 물론 동전에까지 모든 황실 재산에 오얏꽃이 새겨졌으며, 또한 도자기와 우표에도 오얏꽃이 새겨졌습니다. 이미 덕수궁 석조전에도 오얏꽃 문장이 장식되어 있던 시기입니다. 따라서 순종이 창덕궁으로 이어할 시점에서 인정전을 서양식으로 수리하면서 용마루에 황실 문장의 설치를 거부감 없이 받아들였을 수도 있습니다. 다분히 일본풍의 장식을 우리 전통 궁궐에 설치하는 주체가 된 대한제국이 이미 그 실질적인 국권을 거의 상실해가는 시기라 해도, 또 그 문장이 일본 천황이 격하된 이왕가에 하사한 문장이라는 부정적 의미에도 불구하고 역사적으로 오얏꽃 문양은 대한제국의 문장으로 해석할 수밖에 없겠습니다.

해와 달을 상징하는 인정전 일월담

## 조정과 박석

인정문 문지방을 넘어서면 문밖과는 사뭇 다른 장엄한 왕의 공간이 펼쳐집니다. 인정전의 네모반듯한 마당을 조정(朝廷)이라 부릅니다. 왕이 신하들의 조하(朝賀)를 받던 곳으로, 조정은 임금과 관리들이 예로써 만나는 의식 공간입니다.

마당에는 거칠게 다듬은 박석이 깔려 있습니다. 인정전 마당의 박석(薄石)은 이곳이 중요한 의식 공간이라는 것을 말해주고 있습니다. 실질

박석이 깔려 있는 인정전 조정

적으로는 비가 올 때나 비 온 뒤, 또는 바닥의 물기로 땅이 질척거리는 것을 막아주는 역할이었겠지만 박석이 주는 시각적인 느낌은 그 장중함에 있습니다.

박석은 매끈하게 다듬은 돌이 아닙니다. 화강석이 주는 거친 질감을 최대한 살리면서 돌의 결을 따라 얇게 떠낸 바닥 포장용 돌판입니다. 그 두께는 대략 10~20센티미터 정도로 넓게 떠냈습니다. 한 장 한 장의 느낌은 거칠어 보이지만 마당 전체를 투박하게 떼어낸 박석으로 덮었을 때 주는 통일감은 매끈하게 다듬어진 돌판을 사용했을 때의 기계적인 느낌과는 비교할 수 없을 만큼 힘차고 기개 있는 장중한 분위기를 연출해내고 있습니다. 이러한 차이는 인정전 남행각 서쪽 마당 일부와 월대의 묵은 박석을 새로 복원된 박석과의 질감을 비교해보면 확연해집니다.

원래 조선시대에 궁궐의 박석은 주로 황해도 해주와 강화도에서 공급했다는 기록이 있습니다. 현재 인정전 마당의 박석은 일제 강점기에 잔디를 깔아 훼손되었던 것을 최근에 복원하는 과정에서 일반 화강석을 기계로 다듬어 쓰다 보니 그 옛 맛을 되살릴 수 없게 되었습니다. 심지어 박석의 거친 느낌을 표현한다고 기껏 기계로 매끈하게 다듬은 표면을 군데군데 움푹움푹 파낸 그 무감각은 정말 어찌할 도리가 없습니다. 그럼에도 불구하고 북쪽의 일월담을 배경으로 동쪽과 서쪽, 남쪽에 행각을 두르고 월대 위에 우뚝 서 있는 인정전의 위용은 위축됨이 없습니다. 인정문 입구에서 높은 곳에 있는 인정전을 보았을 때 이곳이 바로 강력한 왕권으로 상징되는 왕의 공간임을 당당하게 말해주고 있습니다.

## 삼도와 품계석

인정문을 들어서면 우선 금천교를 이어 진선문에서부터 따라 온 삼도(三道)가 인정전 월대까지 이어지는 것을 볼 수 있습니다. 삼도는 가운데 길이 양쪽 가장자리 길보다 넓고 약간 높지요. 가운데 길은 당연히 왕이 다니시는 어도(御道)입니다. 양쪽의 길 중 문반(文班)이 동쪽 길로 다녔고 무반(武班)은 서쪽 길로 다녔습니다.

삼도 좌우에 늘어선 품계석(品階石)은 정조 때 조정의 위계질서가 문란해졌다 하여 이를 바로잡기 위해 관리의 ✿품계(品階)를 나타내는 표지석으로 세운 것입니다. 정조는 품계석을 세워 조정의 질서를 바로 세울 것을 명령했습니다. 이는 자신의 즉위와 함께 조정을 혁신하여 왕권

✿ **조선시대의 품계** : 조선시대에 관리들의 품계는 1품부터 9품까지 정(正), 종(從)으로 나누어 18품으로 하고, 종6품 이상의 정·종은 다시 각각 상·하의 2계로 나누어 모두 30계(階)로 나누었다. 조정에 설치된 품계석은 1품부터 9품까지의 품계를 표시했는데, 1품부터 3품까지는 정과 종을 구분했고, 4품부터 9품까지는 정만 세웠다. 동서 양쪽에 모두 12개씩의 품계석을 세웠다.
정3품 상계(上階) 통정대부(通政大夫) 이상은 당상관(堂上官), 정3품 하계(下階) 통훈대부(通訓大夫) 이하 종6품까지를 당하관(堂下官)·참상(參上)이라 하고, 정7품부터 종9품까지를 참하(參下)라 하여 구분했다. 당상관은 당에 올라 임금을 가까이 모실 수 있는 위치, 즉 당상의 교의(交椅)에 앉을 수 있는 관원을 말하고, 당하관은 조의(朝儀)를 행할 때 당상의 교의에 앉을 수 없는 관원을 말한다.

인정전, 어진 정치를 펼치다 95

삼도와 좌우의 품계석

을 회복하려는 정조의 강력한 의지의 포석으로 볼 수 있습니다. 삼도를 중심에 두고 품계석에 맞추어 동편에 문관(文官), 서편에 무관(武官)이 섰습니다. 동편에 선 문관을 동반(東班), 서편에 선 무관을 서반(西班)이라 부르기도 했는데, 여기에서 동서 양반(兩班)이라는 말이 생겼습니다.

그런데 인정전 마당에 아주 의외의 물건이 보입니다. 정3품 품계석 근처의 박석에는 쇠로 만든 커다란 고리가 박혀 있습니다. 실제로 호기심에 이끌려 손으로 들어볼라치면 꽤 무겁습니다. 처음 보는 사람들의 궁금증을 자아내기 십상인데, 그 용도를 진자해보면 여기에서도 품계에 따른 위계질서의 현실을 엿볼 수 있습니다. 햇볕이 따가운 여름날 인정전 마당에서 국가 행사가 있을 때 햇빛 가리개용 차일(遮日) 끈을 잡아 묶는 고리입니다. 이런 고리는 인정전 월대 박석에도 있고, 더 눈

인정전 마당의 고리

을 들어 인정전 건물을 보면 창방과 기둥에도 여럿 박혀 있네요.

그러나 이 차일 끈 묶는 고리가 인정전 마당 전체에 박혀 있는 것은 아닙니다. 왕을 비롯한 높은 분들이 서는 자리까지만 차일을 칩니다. 그 차일이 쳐지는 위치의 경계가 바로 정3품 품계석이군요. 그 아래 하위 관리들은 행사가 빨리 끝나기를 바라면서 꾹 참으셔야 합니다. 그렇다고 뜨거운 햇볕에 힘들고 괴롭다고 마냥 자세를 흐트릴 수도 없습니다. 항상 모든 관리들의 언행과 품행을 매의 눈으로 감시하는 사헌부의 감찰로 곤욕을 치르게 될 게 뻔하기 때문입니다.

# 봉황이 새겨진 답도

이제 삼도 위를 걸어서 월대의 계단까지 갑니다. 어도를 지나 인정전 월대에 오르는 계단 중앙 네 모난 돌판 위에 새가 두 마리 조각되어 있습니다. 이 돌판은 답도(踏道 : 밟을 답, 길 도)라고 부르는데, 말 그대로 임금이 이 돌판을 밟고 가지는 않습니다. 계단 경사면에 설치되어 있어서 실제로 밟고 지나가는 길이 아니라 어도의 연장선

삼도의 끝은 월대의 계단으로 연결된다.

상에 놓인 왕도(王道)의 상징으로 보아야 할 것입니다.

오랜 세월에 걸쳐 그 조각의 형상이 희미해지기는 했으나 답도에는 두 마리 새가 조각되어 있습니다. 부조로 새겨진 조각은 두 마리 봉황이 구름 속을 날고 있는 형상입니다. 전설에 의하면 봉황이란 상상 속의 새를 일컫는데, 용과 기린과 거북과 더불어 사령(四靈)이라 하여 신령스럽게 여기는 새입니다. 봉황은 '봉'이 '수컷'이고 '황'이 '암컷'으로 늘 암수 함께 나타납니다. 그리고 봉황은 산짐승을 먹지 않으며, 산초목을 꺾지 않으며, 그물에 걸리지 않으며, 무리를 짓지 않으며, 대나무

98

답도

열매만 먹고, 단 이슬이 아니면 마시지 않으며, 천하가 태평성대를 이룰 때에만 나타나는 새입니다. 만약 군주가 나라를 잘못 다스려서 전쟁 또는 기근으로 백성들의 삶이 곤궁해지거나 난세(亂世)가 되면 스스로 사라진다고 말합니다. 우리 인간의 역사상 과연 이런 태평성대의 세상이 펼쳐진 적이 실제로 있었을까요. 또한 백성들은 늘 위정자들의 권위에 눌려 눈치 보고 그 궁핍함을 떨쳐버리지 못했는데, 이런 봉황의 전설을 왕들이 의식하고 있었을까요. 대답은 역대 제왕들이 결과적으로 그런 세상을 만들었든지 만들지 못했든지 간에 그들이 태평성대를 이루어야만 한다는 의무감은 가지고 있었다고 보아야 합니다.

구름 속에 노니는 봉황이 새겨진 답도를 지나 용상에 오른 왕의 존재는 천상(天上)에서 성군(聖君)의 정치를 펼칠 수 있는 성스러운 존재로 부각됩니다. 봉황의 존재가 왕이 성군이 되어 백성들을 위하여 왕도를 베풀고 교화시켜야 하는 무거운 책무에 대한 염원의 표현이기 때문입니다. 즉, 인정전 답도의 봉황은 성군의 출현을 염원하는 백성들의 은유입니다.

인정전 월대 중앙 계단

인정전 월대 서쪽 계단의 구름 문양

# 서양식으로 변경된 인정전 내부

이제 드디어 인정전 건물의 안쪽을 살펴보시겠습니다. 순종이 창덕궁으로 이어하던 1907년 무렵 창덕궁에 서양식 가구와 실내장식이 도입되었습니다. 인정전은 내부 구조를 서양식으로 개조하면서 여러 가지 변형된 모습을 보여주고 있습니다. 인정전 바닥의 흑색 전돌을 걷어내고 서양식 쪽널마루로 만들고 전등이 설치되었습니다. 출입구를 제외한 창문 아래 부분의 외벽에 전벽돌로 쌓았던 화방벽이 철거되고, 대신에 목재로 큼직한 머름대와 궁판으로 바꿨습니다. 문도 안에서 열리게 변경하고 창문 내측에 별도의 유리창이 설치되고, 휘장이나 커튼을

인정전 내부

인정전 내부의 서양식 커튼

설치하기 위한 커튼 박스도 만들어졌습니다.

고개를 들어 천장을 올려다보시겠습니까? 인정전을 밖에서 볼 때는 2층으로 보였는데 내부를 보니 천장이 아주 높은 통층 건물이군요. 그리고 인정전 천장의 연화문과 봉황을 그린 단청이 매우 화려합니다. 다포계의 건물은 대부분 천장을 반자틀로 정(井)자 형으로 울거미를 만들고 정방형의 청판(廳板 : 덮개판)을 덮은 구조의 우물반자로 만들고 이 위에 단청을 올립니다. 이를 '우물천장'이라고 합니다. 그리고 인정전의 우물천장 한가운데를 약간 높여 감실처럼 만든 후에 작은 첨차를 짜 올려 화려하게 장식한 부분이 있는데, 이를 '보개천장'이라 부릅니다. 보개천장의 기원은 귀한 사람의 머리 위에 씌웠던 우산인 산개(傘蓋)에서 비롯되었다고 추정됩니다. 이 보개천장 한가운데에는 왕권을 상징하는 봉황이 조각되어 짧은 쇠고리에 모빌처럼 매달려 있습니다.

102

인정전 중앙에 위치한 용상은 화려하게 꾸며져 있습니다.

　인정전의 북쪽 중앙에 용상이 있습니다. 용상은 아주 높게 설치되어 있고, 어좌(御座)의 팔걸이와 등받이는 투각(透刻) 기법으로 화려하게 꾸며져 있습니다. 문양은 대부분 용, 연꽃, 모란입니다. 어좌 뒤에는 역시 투각으로 조각한 나무 삼곡병(三曲屛)으로 치장했는데, 삼곡병에 나타나는 문양 또한 용, 연꽃, 모란이 주류를 이룹니다.

　그리고 그 뒤에 일월오봉병(日月五峰屛)이 둘러졌는데, 그림은 ✿일월오봉도(日月五峰圖) 또는 일월오악도(日月五嶽圖)로 부릅니다. 푸른 하늘의 동쪽에서 붉은 해가, 그리고 서쪽에서 흰 달이 다섯 개의 봉우리를 비추고 있고, 붉은 줄기의 소나무와 양쪽 계곡에서 내리꽂히듯 쏟아지는 힘찬 폭포가 물보라를 만들고 있으며, 산 아래에는 넘실대는 파도가 펼쳐져 있습니다. '일월(日月)'은 '해'와 '달'은 의미하고 양과 음의 개념으

용과 모란 문양으로 장식한 어좌

로 왕이 관장하는 음양오행의 우주관으로 확대 해석할 수도 있습니다. 오봉산은 오악을 상징하는데 곤륜산(崑崙山)으로 왕이 다스리는 전 국토를 의미하기도 합니다. 우리나라 한반도 동악의 금강산, 남악의 지리산, 서악의 묘향산, 북악의 백두산, 중악의 삼각산입니다. 일월오악도에는 파도를 그려서 정사를 펼치는 조정을 의미했는데, 바다의 파도 '조(潮)'와 조정(朝廷)의 '조(朝)'의 발음이 같은 데서 유래했습니다. 즉 일월오악도는 한국 전래의 오악신앙(산신신앙)에 그 배경을 두고 있으며, 왕의 절대적 권위에 대한 칭송과 왕조의 무궁한 번영을 기원하는 그림입니다. 왕권을 상징하는 일월오봉병은 법전의 어좌 뒤에만 설치되는 것이 아니고 왕의 집무실인 편전이나 선원전의 감실 등 왕을 모시는 전

인정전 용상의 계단 옆면

각에 늘 설치되었고, 왕이 궁 밖으로 행차할 때에도 따라다녔습니다.

인정전 어좌 위쪽을 살펴보면 사찰의 불상 머리 위에 설치된 것과 비슷한 집 모형의 구조물이 있는데, 이를 '닫집'이라고 부릅니다. 닫집은 왕권의 존엄을 나타내기 위해 설치하는데, 공포를 짜 올려 굉장히 화려하게 치장했습니다. 그리고 닫집의 공포 아래에는 짧은 기둥(헛기둥 虛柱)이 달려 있고, 그 끝에 연꽃 봉오리가 조각되어 있습니다. 이는 연봉이 물에 잠긴 형상으로 화재를 예방한다는 벽사의 의미가 숨겨져 있습니다. 이 집이 이미 물에 잠겨 있으므로 불에 타지 않는다는 해석입니다. 그리고 밖에서 보이지는 않지만 닫집의 보개천장에도 한 쌍의 봉황이 있습니다.

106

인정전 용상 계단 옆면의 조각을 표현한 채색 그림

# 지붕 위의 잡상

　이제 바깥으로 눈을 돌려 월대에서 가까이 보이는 추녀마루의 작은 형상들을 살펴볼까요. 이 형상들은 장식기와의 일종으로 '잡상(雜像)'이라 부릅니다. 지붕 위의 잡상은 하늘을 응시하며 왕의 궁궐을 지키는 아주 중요한 임무를 수행하고 있습니다. 궁궐 건축에만 나타나는 잡상은 지붕 추녀마루를 장식하는 토우(土偶 : 흙으로 만든 인물상)의 일종으로 하늘로부터 오는 악귀의 침입을 막기 위해 두었다고 합니다. 우리나라 궁궐의 잡상 종류는 모두 열 가지입니다. 이들은 《서유기》에 나오는 인물들과 토신(土神)상으로 제일 앞에 있는 당당한 자세의 인물은 당나라의 고승 현장(삼장법사)입니다. 그리고 뒤로는 삼장법사의 제자인 손오공, 저팔계, 사오정의 순으로 이어집니다. 이들이 궁궐의 지붕에 있는 이유는 천축국(天竺國 : 인도)으로 가서 불경을 구해 당나라로 오기까지의 여정에서 세상의 모든 악귀를 물리친 가장 힘센 무리이기 때문입니다. 중국 궁궐의 잡상은 기봉선인(騎鳳仙人) 뒤로 용·봉황·사자·해마 등 도교적 성격의 길상동물로 구성된 데 비해, 조선 궁궐의 잡상은 벽사의 의미가 강하다고 볼 수 있습니다. 유교를 기본 이념으로 하여 긴고한 조선왕조이 궁궐에 불교적 요소인 삼장법사와 손오공 일행이 궁궐을 지키는 것이 일련 모순으로 보일 수도 있겠으나, 조선왕조 초기 궁궐에 설치된 잡상이 중국의 경우처럼 도교적 성격을 띠던 것이 소설 《서유기》가 순조 때 한글로 번역되어 유행하면서 그 명칭이

인정전 지붕의 잡상

악귀 퇴치의 벽사적인 의미로 차용되었을 것으로 생각합니다. 잡상을 이루고 있는 나머지 형상의 이름에 대해서는 일률적이지 않고 같은 것이 겹쳐 올려지는 경우도 있습니다. 《어우야담於于野談》에는 이들을 대당사(大唐師), 손행자(孫行者), 저팔계(豬八戒), 사화상(沙和尙), 마화상(麻和尙), 삼살보살(三煞菩薩), 이구룡(二口龍), 천산갑(穿山甲), 이귀박(二鬼朴), 나토두(羅土頭) 등으로 부르고 있습니다.

중국은 전각의 중요성에 따라 잡상의 수를 배치했는데, 우리나라에서는 중국의 경우와 달리 전각의 등급에 비례한 잡상의 수에 크게 신경 쓰지 않은 듯합니다. 잡상의 숫자는 건물의 규모에 따라 달라지는데, 대개 홀수로 얹혔습니다.

# 월대의 드므

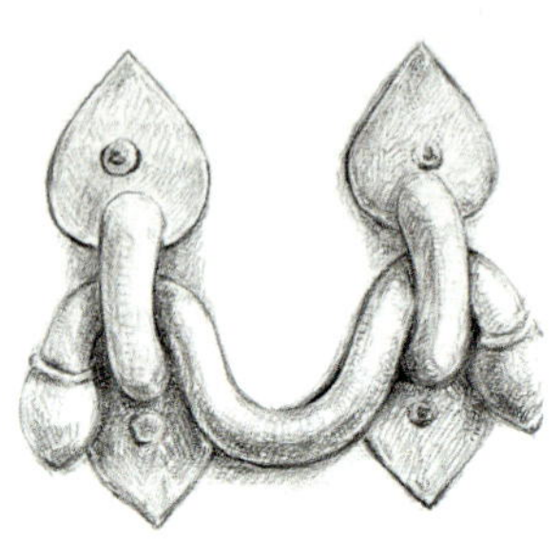

드므 손잡이 장식

인정전 월대 모퉁이에 있는 무쇠로 만든 큰 물동이는 '드므'라고 부릅니다. 사람이 들 수 있도록 손잡이도 달려있습니다. 원래 궁궐 전각의 드므는 화재가 났을 때 불을 끄는 물을 채워놓았던 소방기구입니다. 조선의 전통 건축은 기와와 주춧돌, 벽체를 제외하고는 대부분 목조건축으로 화재에 취약했습니다. 더구나 회랑이나 행각으로 연결되어 있고, 좁은 담장을 사이에 두고 있는 궁궐의 건축은 더더욱 화재를 염려하지 않을 수 없었겠지요.

옛사람들은 하늘로부터 집을 향해 날아오던 화마(火魔)가 드므에 담긴 물에 자신의 흉측한 형상이 비친 것을 보고 놀라 달아난다고 믿었습니다. 실제로 드므의 물을 화재 진압에 사용하기도 했겠으나 벽사의 의미가 강하다고 할 것입니다.

드므에 담긴 물

인정전의 월대 위 모퉁이에 위치한 드므가 하늘을 담고 있습니다.

宣政門

5 선정전, 정사를 논하다

건물 중앙을 뚫고 지나가는 천랑에서 선정전 밖을 내다봅니다.

# 왕의 집무 공간, 선정전

　인정전 동쪽, 광범문으로 나오면 너른 마당이 펼쳐지고 북쪽으로 왕의 집무공간인 선정전(宣政殿)이 있습니다. 창덕궁의 편전(便殿)입니다. '선정(宣政)'은 '정치와 가르침(政敎)을 널리 떨친다(宣揚)'는 뜻입니다. 선정전에서는 대신·중신·중요 아문의 당상관·경연관·승지·사관(史官) 등이 매일 왕을 알현하는 상참(常參)이 있었고, 왕과 신하가 국정을 의논했습니다. 명종 때는 문정왕후가 선정전에서 수렴청정을 했습니다.

선정전 내부의 어좌

선정전 어좌 위 보개천장의 봉황

선정문과 선정전의 중앙을 가로지르는 행랑이 있는데, 이렇게 건물 중앙을 뚫고 지나가는 행랑을 천랑(穿廊)이라 합니다. 대부분의 건물에서 행랑은 건물의 외곽으로 둘러지게 되는데, 선정전의 천랑과 같은 경우는 이곳이 ✿ 혼전(魂殿)으로 사용되었다는 것을 말해주는 흔적입니다.

✿ 혼전 : 왕 또는 왕비의 시신이 든 관을 5개월 동안 궁궐 안에 모시는 건물을 빈전, 왕릉에 장사를 지내고 난 후 신주를 만들어 궁궐에 돌아와 신주를 모시는 건물을 혼전이라 한다. 왕의 경우에는 삼년상이 끝나면 신주를 종묘에 모시지만, 왕보다 먼저 돌아가신 왕비의 신주는 왕의 신주를 종묘에 모실 때까지 혼전에 머무르게 한다. 선정전은 인종, 철종, 순종의 신주를 모신 혼전으로 쓰였다.

116

# 유일하게 남아 있는 청기와 건물

선정전은 현재 조선시대 궁궐의 전각 중 유일하게 남아 있는 청기와 건물입니다. 조금 멀리 떨어진 위치에서 선정전을 바라보면 눈부시게 파란 기와가 그 화려함을 드러내고 있습니다. 먹기와의 평범함에는 비교가 되지 않는 화려함으로 궁궐의 위용을 드러내기에 좋은 건축재입니다.

조선왕조실록 《광해군일기》에는 영건도감에서 궁궐 공사에 사용할 청기와를 조달하는 일로 재료 구입을 청하는 기사가 여러 차례 등장합니다. 청기와는 먹기와와 달리 기와 표면에 유약을 칠해서 구워야 하기 때문에 재료비뿐만 아니라 연료비나 인건비가 만만치 않은 값비싼 기와였습니다. 따라서 신하들은 청기와 건물을 사치스럽다 하여 반대했음에도 광해군은 청기와를 만드는 데 필요한 유약의 원료인 염초(焰硝)의 구입을 허락하고 있습니다.

선정전

보경당 가는 길목에서 바라본 선정전

● 광해 9년(1617) 6월 27일 3번째 기사

영건도감이 아뢰기를, "일찍이 성상의 분부로 인하여 청기와 30늘(訥)에 들어가는 것에 대해서는, 안에서 내려준 염초(焰硝) 2백 근을 쓰는 외에, 부족한 숫자는 무역해 오면 자연 이를 옮겨 써서 구워낼 수가 있습니다. 다만 이외에 또 때때로 계속해서 구워내고자 하면 미리 마련하지 않아서는 안 됩니다. 그러니 성상의 분부대로 도감에 있는 은(銀)을 동지사(冬至使) 편에 보내어서 그로 하여금 사오게 하소서" 하니, 전교하기를, "아뢴 대로 하라. 청기와를 구워내는 데 필요해서 무역해 오는 물품은 넉넉하게 사오게 하라" 하였다.

〈사신은 논한다. 제대로 이지도 않은 띠풀집과 세 층의 계단을 흙으로 쌓은 집에 거처하였는데도, 아주 먼 옛날부터 다스림에 내해 밀릴 때면 반드시 요수(堯舜)을 칭한다. 그리고 하대(夏代) 말기로 내려와 곤오(昆吾)가 기와를 구운 것에 대해서 검소한 덕을 숭상하는 임금이 이미 사치스럽다고 하였다. 그런데 어찌 반드시 만리 바깥에서 회회청(回回靑)을 사와서 정전(正殿)의 기와를 문채 나게 한 다음에야 서울을 우뚝하게 할 수 있는 것이겠는가. 더구나 지금 적당한 시기가 아닌데 크게 토목공사를 벌려서 국가의 재

118

위의 기사 중 청기와 안료로 회회청을 사온다는 내용은 사관의 착오인 듯합니다. 청기와, 즉 청색 기와를 만드는 데 화약 제조의 재료였던 염초가 쓰였는데, 염초는 외국에서 수입해야 하는 값비싼 재료였습니다. 그런데 사관은 청기와 제작에 청화 백자기의 안료로 사용하는 회회청을 사용한다고 착각하고 있습니다. 당시 《광해군일기》의 어느 기사에서도 회회청 구입을 요청하는 기록은 찾아볼 수 없습니다. 대신 청기와 안료의 발색을 돕는 용융제로 사용하기 위한 염초 구입을 독촉하는 기사가 빈번히 나타나고 있습니다. 회회청은 백자기의 청색 문양을 그릴 때 사용하는 코발트로 아랍 지역에서 수입해 오는 아주 값비싼 안료로 금값과 맞먹을 정도로 귀한 것이어서 조선 초기에는 청화백자의 그림을 도화서 화원들이 광주 분원으로 가서 그려주고 올 정도였습니다.

그러나 임진왜란 이후 국가 재정도 어려워지자 국내의 토청을 개발하려는 노력이 계속되었습니다. 따라서 임진왜란 이후의 도자기에는 값비싼 청화 안료 대신 철채를 쓰는 철화백자가 유행하다가 조선 말에 와서 청화 안료의 가격이 어느 정도 싸졌기 때문에 많은 수의 청화백자가 생산되었습니다. 따라서 위의 기사는 쫓겨난 왕, 패주(覇主) 광해에 대한 사관의 주관적인 기록으로 사관의 오만함이 드러나는 대목이 아닐 수 없습니다. 역사적인 기록의 결과는 승자의 기록이 우선하니까요.

# 선정전 앞마당 궐내각사

선정전에서 바라볼 때 선정문 앞으로 넓은 마당에 늠름한 소나무와
반송이 심어져 있고, 맞은편의 카페도 제법 운치가 있습니다. 그러나
선정전 앞의 이 마당은 창덕궁의 동쪽 궐내각사가 있던 자리입니다. 왕
을 측근에서 보필하던 여러 기구들로 왕을 보좌하고 왕명출납을 맡았
던 승정원, 언관들의 대청, 대신들의 회의 공간 빈청, 왕의 시중을 들던
내시들의 공간인 내반원과 음식을 장만하고 그 음식을 담는 그릇을 관

선정문 앞마당

〈동궐도〉, 선정전 일원

리했던 사옹원이 있었습니다. 이곳에서 지금은 사라진 대청, 승정원, 사옹원의 위치를 〈동궐도〉에서 확인해보는 것도 매우 흥미로울 것입니다. (〈동궐도〉에서 선정전 앞 궐내각사 부분 참조)

승정원(承政院)은 왕명을 출납하는 일을 맡은 승지들이 근무하던 부서입니다. 국정의 모든 일이 문서로 왕에게 보고되고 신하들에게 하달되는데, 그 문서를 들이고 내는 일을 맡았다는 것은 국정 전반에 걸친 국가 정보를 장악하고 있었다는 말이 됩니다. 승지들은 밤이고 낮이고 왕의 측근에서 대기하고 있어야 했으니, 승정원이 선정전 제일 가까운 곳에 있는 것은 당연한 일입니다.

내반원(內班院)에서는 궁궐 출입 확인, 왕명 전달, 수라 음식 감독, 문지키기, 청소, 궁 안의 잡무를 맡았습니다. 내시들이 근무하던 공간입니다.

사옹원(司饔院)은 왕의 음식 장만뿐 아니라 그 음식을 담는 그릇도 관리했는데, 이는 조선시대 왕실의 그릇을 제작하는 가마를 사옹원에서 운영했고 이를 지방에 두고 ✿분원(分院)이라고 불렀습니다. 경기도 광주의 분원이 조선시대 왕실의 그릇을 공급하던 가마였지요. 분원은 왕실 자기를 공급하던 곳이니만큼 당대의 뛰어난 도공들이 최고 품질의 그릇을 만들었고, 조선 분원 자기는 중국 황실에서까지 자기 공급을 요청해 올 만큼 품질이 우수했습니다.

빈청이 있던 자리에 어차고 건물이 들어섰고, 현재는 동궐마루 찻집으로 사용되고 있다.

선정전에서 마주 보이는 곳에 동궐마루라는 찻집이 있습니다. 예전에 이 자리에 어차고(御車庫)라 하여 순종 황제와 윤황후께서 타던 자동

✿ **사옹원 분원의 설치** : 조선 초기 왕실에서는 광주·고령·남원 등에서 만든 백자를 분청사기와 함께 세금으로 공납 받아 사용했다. 그 가운데 백자는 대전(大殿)에서는 물론 궁중의 행사나 하사품 및 외국 사신의 영접 등에 폭넓게 쓰이면서 점차 많은 양이 필요하게 되었다. 늘어나는 백자의 수요에 맞추어 질 좋은 백자를 다량으로 확보하기 위애서는 공납에 의존하던 기존의 체제를 크게 바꿀 수밖에 없었는데, 해결 방법은 정부가 직접 공장을 설치하여 필요한 백자를 생산하는 것이었다. 이에 조선 왕실은 분원 설치 이전부터 질 좋은 백자를 공납하던 광주에 관요(국영백자제작소)인 사옹원 분원을 설치했다. 분원이 언제부터 광주에 설치·운영되었는지는 아직 정확치 않지만 대개 1467년경으로 알려져 있다.

차를 전시해 놓은 적도 있었습니다. 이곳이 자동차 전시용 차고로 쓰이기 시작한 것은 일제강점기에 들어서면서부터였습니다.

그러나 이곳은 원래 빈청(賓廳)이 있던 자리입니다. 빈청은 비변사 당상관들, 즉 정승과 판서 급의 고위 관원들이 선정전에서의 어전회의를 하기 전이나 후에 현안을 의논하고 머물던 공간입니다. 궐내각사 중에도 그 격이 높았던 건물로 〈동궐도〉에는 담장이 둘러쳐진 독립된 공간으로 그려지고 있습니다.

숙장문 밖, 인정전 서행각 남단에 대청(臺廳)이 있었습니다. 대청은 한 관서의 이름이 아니라 언관들이 대기하면서 협의를 하던 회의실이었습니다. 《한경지략》에 대청은 "사헌부와 사간원의 대관들이 주계할 일이 있으면 여기 와서 지체하는 곳이다. 이 대청이 옛날에는 온돌방이 있었으나 숙종 때 대관들이 간쟁하는 풍습을 숭상해서 비록 추운 날씨라도 대청에 와 앉아서 논계하기를 그치지 않는 일이 많으므로 숙종이 이를 꺼려 온돌방을 없애버렸다. 이 뒤부터 청마루뿐이고 온돌방은 없어졌다고 한다"라고 적고 있습니다.

조선시대에 홍문관과 함께 사헌부와 사간원은 언론 삼사(三司)라 하여 그 영향력이 대단히 컸습니다. 고위 관료뿐 아니라 왕이라 하더라도 그들의 말을 무시할 수 없었습니다. 그들은 낮이나 밤이나 대청에 모여 자기들끼리 갑론을박하며 그 기세가 대단했습니다. 이러한 꼴을 보기 싫었던 숙종이 단행한 조치는 후세에 일반 가옥의 마루 구조를 지칭하는 '대청마루'라는 말로 남았습니다. 한겨울의 대청마루는 얼마나 추웠겠습니까. 그러나 실록을 보면 숙종의 이러한 조치 또한 이들의 기세를 꺾는 데 성공한 것 같지는 않아 보입니다.

# 희정당 가는 길목의 보경당과 장고

　희정당으로 가는 길 도중에 선정전 북쪽, 뒤편으로 꽤 넓은 빈터가 있습니다. 지금은 장대석을 쌓아 올린 계단과 잡초만이 허름하게 보이는데, 물론 이곳에도 예전에 여러 채의 전각들이 있었습니다. 〈동궐도〉를 보면 장대석으로 쌓아 올린 계단은 수라간에서 관리하던 장고로 궁중의 장항아리가 놓여 있던 자리입니다. 그 아래 빈터의 서쪽에서 동쪽으로 보경당(寶慶堂), 태화당(泰和堂), 재덕당(在德堂)이 나란히 있었군요. 가만! 그리고 보니 뭔가 특별한 이야기가 있을 듯한 공간입니다. 그러면 잠시 걸음을 멈추고 이곳에서 그 이야기에 귀 기울여 볼까요.

　보경당은 숙종의 후궁이었던 숙빈 최씨의 처소였고 영조의 탄생지입니다. 숙빈 최씨는 숙종 20년(1694) 9월에 보경당에서 왕자를 낳았습니다. 숙빈 최씨가 낳은 아들은 연잉군 이금(李昑)으로 나중에 경종의 뒤를 이어 영조(英祖)가 되신 분입니다. 연잉군은 길례(吉禮)를 치른 후 창의궁(경복궁 서남쪽 순화방에 있었다)에 나가 살게 되었습니다. 왕자 시절 영조는 신분이 미천했던 어머니께 궁인 시절에 가장 힘들었던 일이 무엇이었느냐고 물었습니다. 누비 바느질이 가장 힘들었다는 어머니의 대답에 그 자리에서 누비 토시를 벗어던지고 그 후로 평생 누비옷을 걸치지 않았다는 일화가 전해옵니다.

　이 이야기로 볼 때 우리가 흔히 이야기로 알고 있는 숙빈 최씨의 신

124

창덕궁의 장고와 보경당이 있던 터

분이 궁녀 중에서 가장 미천한 일을 하던 무수리 출신은 아니었던 듯합니다. 적어도 숙종을 처음 만나던 시점을 생각해 보면 폐서인으로 사가에 쫓겨 간 인현왕후를 가까이 모시던 나인이었다가 모셔야 할 주인이 안 계신 궁에서 침방나인으로 배치 받았을 가능성을 생각해볼 수 있습니다. 그녀의 아들 연잉군은 왕세제를 거쳐 1724년 8월, 마침내 경종의 뒤를 이어 왕으로 등극하니, 바로 조선의 제21대 왕 영조입니다. 영조는 이곳에 있던 보경당에 여러 차례 들러서 어머니에 대한 효성과 그리움을 담은 글을 남기고 있습니다. 《궁궐지》에 실린 영조가 지은 〈보경당기회寶慶堂記懷〉에는 다음과 같이 말하고 있습니다.

"아! 창덕궁 대조전 서쪽에 보경당이 있으니 곧 내가 탄생한 곳이다. 아! 나의 선고(先考 : 숙종) 20년 9월 13일에 돌아가신 어머님께서 나를 이곳에서 낳으셨다. 내 나이 19세에 사저(私邸)로 나갔고, 그 후 입궐할 때마다 어머님을 따라 이 집에 거처하였다. 내 나이 31세 때인 갑진년 9월 초하루에 즉위한 지 5개월 만에 이 집에서 여막살이를 했고, 지금 71세가 되는 갑신년 갑술월 13일에 여러 신하들을 이 집에서 접견하니 나를 낳으시고 나를 기르신 은혜를 우러르고, 한편으로 구경의 이른바 군신의 의를 몸소 실천하기 위함이다."

영조는 낮은 신분 출신이었던 어머니 숙빈 최씨에 대한 효성이 깊었던 왕이었습니다. 그리고 신분사회인 조선에서 침방나인 출신인 어머니의 낮은 신분은 영조에게 큰 부담이고 콤플렉스였습니다. 이를 극복하기 위해 영조는 이미 돌아가신 어머니 숙빈 최씨의 위상을 높이기 위한 수순을 밟게 됩니다. 영조는 즉위 원년, 어머니 최씨의 사당을 지어 숙빈묘(淑嬪廟)라 했고, 재위 15년 8월에 중종반정 때 공신들에 의해 강제로 폐출당한 중종의 첫 부인 신씨의 작위를 단경왕후로 복원한 후, 온릉(溫陵)에 전배하고 돌아오는 길에 어머니 숙빈묘에 전격적으로 들렀습니다. 그리고 궁으로 환궁한 후 숙빈묘에 참배할 때 대신들이 소홀히 했다 하여 여러 차례에 걸쳐 약방의 입진을 거부하는 행위로 자신의 속내를 내비쳤습니다.

126

이후에도 영조는 전례를 무시하고 숙빈묘에 자주 행차하다가 재위 20년(1744) 숙빈의 사당 묘호를 육상묘(毓祥廟)라고 올렸고, 다시 재위 29년(1753) 육상궁(毓祥宮)으로 승격시켰습니다. 육상궁은 현재 청와대 서편에 있는 ✿칠궁(七宮)에 합사되어 있습니다. 묘소 또한 재위 20년에 소령묘(昭寧墓)라고 올렸다가 재위 29년에 소령원(昭寧園)으로 다시 승격시켰습니다. 또한 사당과 무덤에 궁호와 원호를 올릴 때 화경(和敬)의 시호를 함께 올렸습니다. 후일 여러 차례에 걸쳐 휘덕안순수복(徽德安純綏福)의 존호를 더 올렸습니다.

✿ 칠궁 : 대한민국 서울시 종로구 궁정동(청와대 내)에 위치한 사적(제149호)으로 조선의 왕들을 낳은 친모이나 왕비에 오르지 못한 후궁 7인의 신위를 모신 곳이다. 영조가 후궁 출신인 모친 숙빈 최씨의 신주를 모신 사당 '육상궁'을 건립한 이후 역대 왕 또는 왕으로 추존되는 분의 생모인 후궁의 묘를 옮겨와 합사하였다. 원래는 1724년(영조 원년)에 지은 육상궁만 있던 터였으나 1908년(순종 2년) 연호궁, 저경궁, 대빈궁, 선희궁, 경우궁이 옮겨 왔고, 1929년 덕안궁이 들어오면서 7명의 신위를 모시게 되어 칠궁이 되었다. 칠궁 합사는 봉사된 법모와 아울러 사친, 즉 생모에 대한 효를 바탕으로 이루어졌던 것을 알 수 있다.

▶ 저경궁(儲慶宮) : 선조의 후궁이며 추존왕 원종의 생모인 인빈 김씨의 신궁
▶ 대빈궁(大嬪宮) : 숙종의 후궁이며 경종의 생모인 희빈 장씨의 신궁
▶ 육상궁(毓祥宮) : 숙종의 후궁이며 영조의 생모인 숙빈 최씨의 신궁
▶ 연호궁(延祜宮) : 영조의 후궁이며 추존왕 진종(효장세자)의 생모인 정빈 이씨의 신궁
▶ 선희궁(宣禧宮) : 영조의 후궁이며 추존왕 장조(사도세자)의 생모인 영빈 이씨의 신궁
▶ 경우궁(景祐宮) : 정조의 후궁이며 순조의 생모인 수빈 박씨의 신궁
▶ 덕안궁(德安宮) : 고종의 후궁이며 영친왕의 생모인 순헌황귀비의 신궁

# 6 희정당, 밝은 정치를 꿈꾸다

선정전에서 동쪽으로 희정당(熙政堂)이 보입니다. 희정당의 건물 모양이 서양식으로 변형된 것을 확인해볼까요. 당시 순종이 타던 리무진 승용차가 건물에 쉽게 진입할 수 있도록 남행각에 현관(porch) 시설을 덧붙여 입구를 개조했습니다. 그 포치의 머리 부분을 장식한 낙양각에 금박을 올린 조선 황실의 오얏꽃 문장이 있습니다. 희정당의 안마당은 덧붙여진 서양식 현관 구조의 폐쇄성으로 현재는 그냥 밖에서 들여다보

희정당 현관 앞 리무진 승용차에서 내리는 영친왕 부부 (국립중앙박물관 소장)

현관에서 바라본 희정당

게만 되어 있습니다. 희정당 내부 복도로 이동할 수 없기 때문입니다.

이제 희정당의 내부를 살펴보려면 뒤쪽으로 돌아가야 합니다. 선정전을 왼편에 두고 보경당 터를 지나 대조전으로 가는 길에 희정당의 지붕 서쪽 합각마루를 눈여겨 살펴보시겠습니까. 꽃담 문양으로 치장한 합각마루 한가운데에 '녕(寧)' 자를 볼 수 있습니다. 동쪽 합각에는 '강(康)' 자가 있는데, 이 글자는 대조전을 보고 돌아 나오면서, 또는 성정각 안마당에서 보다 잘 볼 수 있습니다. 이렇듯 '강' 자와 '녕' 자는 이 건물이 경복궁의 왕의 침전인 강녕전(康寧殿)을 뜯어 옮겨 지은 집이라는 증거를 보여줍니다.

희정당 안뜰

희정당 서쪽 합각의 '녕(寧)'

희정당 동쪽 합각의 '강(康)'

희정당 앞 눈 쌓인 소나무

이제 보경당 터를 지나 희정당 뒤편으로 돌아가면 대조전과 희정당을 연결해주는 4칸의 서쪽 복도가 보입니다. 물론 동쪽에도 4칸의 복도가 보이는데, 복도를 양쪽으로 해서 이 공간이 희정당 북쪽 영역이자 대조전으로 들어가는 입구가 있는 곳입니다. 동쪽 복도 끝으로 돌아 나가면 희정당 안뜰을 볼 수 있습니다. 먼저 서쪽 복도를 지나 희정당의 내부를 보도록 하지요. 집을 뒤편에서 본다는 것이 조금 이상하기는 하

희정당과 대조전을 연결해주는 서쪽 행각

대조전 선평문에서 내다본 희정당 뒤편

지만 희정당 앞부분은 현관 시설이 가로막고 있어 건물 뒤쪽의 문을 개방하여 내부를 들여다볼 수 있도록 해놓았습니다.

✿ '희정(熙政)'은 '화평하고 즐거운 정치'를 의미합니다. 희정당은 내전 영역에 속하는 왕의 침전으로 지었으나, 순조 때부터 편전으로 주로 사용했습니다. 전(展), 당(堂), 합(閤), 각(閣), 재(齋), 헌(軒), 루(樓), 정(亭)의

✿ 희정 : 희(熙)는 명(明)과 광(廣)의 뜻으로 풀이된다. '정사를 밝혀 백성을 접하니 백성이 충정을 다하고 혜택을 입지 않는 이가 없다'는 의미에서 '희정'이라 이름하였다. 대제학 채유후가 지었다. 희정당 남쪽에는 제정각(齊正閣)을 두었고, 천체 관측기구인 선기옥형을 두었다. 희정당 동쪽에는 원래 연못이 있었는데, 《궁궐지》에는 현종 때 이 연못에서 연꽃과 연밥이 볼만했다고 쓰여 있다.

순으로 건물의 이름에 그 격을 구분했는데, 희정당의 전각 이름은 유교 사회의 최대 덕목인 절검(節儉)을 왕이 몸소 실천한다는 의미로 '당(堂)'이라 불렀습니다. 익공(翼工 : 가장 간결한 공포)과 각주(角柱)로 이루어진 정면 5칸 측면 3칸의 소박한 15칸 집이었습니다.

그러나 1917년 창덕궁 내전 일대의 화재 후, 1920년에 강녕전 55칸 집을 뜯어다가 15칸 규모의 희정당 자리에 옮겨 지으면서 규모가 커졌습니다. 그리고 이때 강녕전 지붕에는 없던 용마루를 설치했습니다. 또한 희정당 내부 시설을 서양식으로 변경하면서 중앙의 3칸은 응접실로, 서쪽의 3칸은 회의실로 꾸미고, 동쪽의 3칸을 여러 칸으로 막아서 골방과 화장실과 욕실이 생겼습니다. 대청 큰 회의실에 서양식 가구가 들어오고, 동서 벽에 김규진(1868~1933)의 금강산 그림을 그려 붙였습니다. 영친왕의 서화 선생이었던 해강 김규진이 그린 〈금강산만물초승경도金剛山萬物肖勝景圖〉와 〈총석정절경도叢石亭絶景圖〉입니다.

〈금강산만물초승경도〉 부분, 서벽 (창덕궁 관리소 소장)

〈총석정절경도〉 부분, 동벽 (창덕궁 관리소 소장)

희정당 내부 복도각

희정당 대알현실

희정당 복도각 천장의 벽지

희정당 갱의실 옆 바닥 카페트

대알현실 커튼 박스의 용 문양

의자의 봉황과 오얏꽃 문양

# 7 대조전, 대업을 이루다

선평문을 통해 바라본 대조전 지붕에는 용마루가 없습니다

# 왕비의 시어소, 대조전

희정당 뒤편에서 마주보는 높은 계단을 두어 외부의 시선을 차단하는 곳에 선평문(宣平門)이 있고 이 문을 들어서면 대조전(大造殿)입니다.

대조전을 바라보면서 다른 건물과는 다른, 특이한 점을 찾으셨습니까? 지붕 꼭대기를 보면 다른 건물과는 달리 용마루가 없습니다. 대조전처럼 지붕 꼭대기를 곡와(曲瓦 : 용마루가 없는 지붕의 용마루 부분을 덮는 기와)를 써서 마감한 용마루가 없는 지붕을 무량각(無樑閣) 지붕이라고 합니

대조전

다. 우선은 위급한 상황일 때 다른 건물과 멀리서도 쉽게 구분할 수 있도록 하는 기능적 의미를 생각할 수 있습니다. 또 하나 우리의 상징적 개념으로 볼 때 왕과 왕비의 공간에 자연의 기를 차단하는 용마루라는 무거운 인공시설물을 설치하지 않고 곡와를 써서 무량각 지붕으로 처리했다고 해석할 수도 있겠습니다. 원래 왕의 침전이었던 희정당 지붕도 역시 무량각이었으나, 1917년 화재로 강녕전을 옮겨 지으면서 용마루를 만들었습니다.

'대조(大造)'는 '큰 공업을 이룬다'는 뜻입니다. 또한 대조는 흔히 국가의 대계를 이어갈 지혜롭고 현명한 왕자의 생산을 의미한다고 풀이되기도 하는데, 이곳에서 왕비가 거주하기 때문입니다. 대조전은 왕실의 각종 공식 업무를 주관하는 왕비의 시어소이자 침전 영역입니다. 왕비

대조전 서쪽 행각 복도

144

는 여성 품계를 다스리는 국가의 수장이며 만백성의 어머니입니다. 왕비는 후궁 중 빈(嬪)에 해당하는 정1품부터 상궁과 나인 등 궁내의 모든 여성 품계인 내명부와, 종친이나 관리들의 부인이 받는 외명부 품계까지 관장합니다. 국가의 행사가 있을 때 이곳 대조전 월대에서 내외명부로부터 조하를 받고 연회를 베풀기도 했습니다.

대조전 월대와 드므

흔히 사극 드라마에서 보듯 왕비의 시어소에 친인척 남정네들이 수시로 드나들고 무릎을 맞대고 뭔가 음흉한 일들을 쑥덕거리는 일이 왕비의 역할이라고 오해를 하시면 아니 되옵니다. 물론 왕비를 배출한 집안이 관련된 당색에 의해 정치적인 상황에 놓일 수는 있지만, 공식적으로는 왕비가 나랏일의 전면에 나설 수는 없었다는 이야기입니다. 더구나 남자들은 함부로 왕비의 시어소에 드나들 수 없었습니다. 비록 친정아버지나 형제간이라 해도 말이지요. 그리고 왕비께서 왕의 후궁들을 시샘하고 눈을 흘기며 노여움을 마구 드러내는 설정은 적어도 조선왕조에서는 절대로 겉으로 드러낼 수 없는 일이었을 겁니다. 왜냐하면 조선왕조는 철저한 유교 사회였고, 여성들은 오로지 순종하

고 인내하고 음전한 모습만이 강요
되었으니까요. 따라서 여러분께서
보시는 드라마상의 전개는 단지 극
의 재미를 위한 과장된 설정이라는
점을 감안하고 보아야겠지요.

순조 이후에는 희정당을 왕의 편
전으로 사용하면서 대조전을 동온
돌과 서온돌로 구분하여 왕과 왕비
가 함께 사용했습니다. 1910년 경
술국치(庚戌國恥) 때 대조전 흥복헌(興
福軒)에서 마지막 어전회의가 열렸
고, 조선은 나라의 국권을 잃었습니
다. 흥복헌은 대조전 동쪽에 붙어
있는 ✿익각(翼閣)으로 주로 순종이
친왕과 대신들을 접견하는 장소로
쓰였습니다.

마지막 어전회의가 열렸던 흥복헌

1917년의 화재로 내전 일대의 전각이 모두 불에 타자 1920년에 경복
궁의 교태전을 뜯어다가 대조전을 지었습니다. 불탄 희정당과 대조전
일대의 전각을 짓는 데 새 건축재를 사용하지 않고 경복궁의 건물을 뜯
어다가 지었던 것은 조선 왕실 권위의 상징인 경복궁을 훼손시키고, 이

✿ 익각 : 정당 양쪽에 세운 각을 말한다. 흥복헌의 짝이 되는 서편 익각은 융경헌
인데 편액이 없다.

146

를 계기로 껍데기만 남은 왕실의 위엄조차도 말살하려는 일제의 계획적인 목적도 있었습니다.

대조전 내부도 희정당과 마찬가지로 1920년 복원 때 서양식으로 개조되었고, 목욕실과 실내 화장실이 설치되었습니다. 내부의 가구 장식도 그 당시 황실의 취향에 따라 서양식 침대와 입식 테이블과 의자 등이 놓여졌습니다. 대조전 대청의 동쪽 벽에는 〈봉황도〉가 장식되어 있고, 서쪽 벽에는 〈군학도〉가 장식되어 있습니다. 1926년 순종이 대조전 흥복헌에서 승하했습니다.

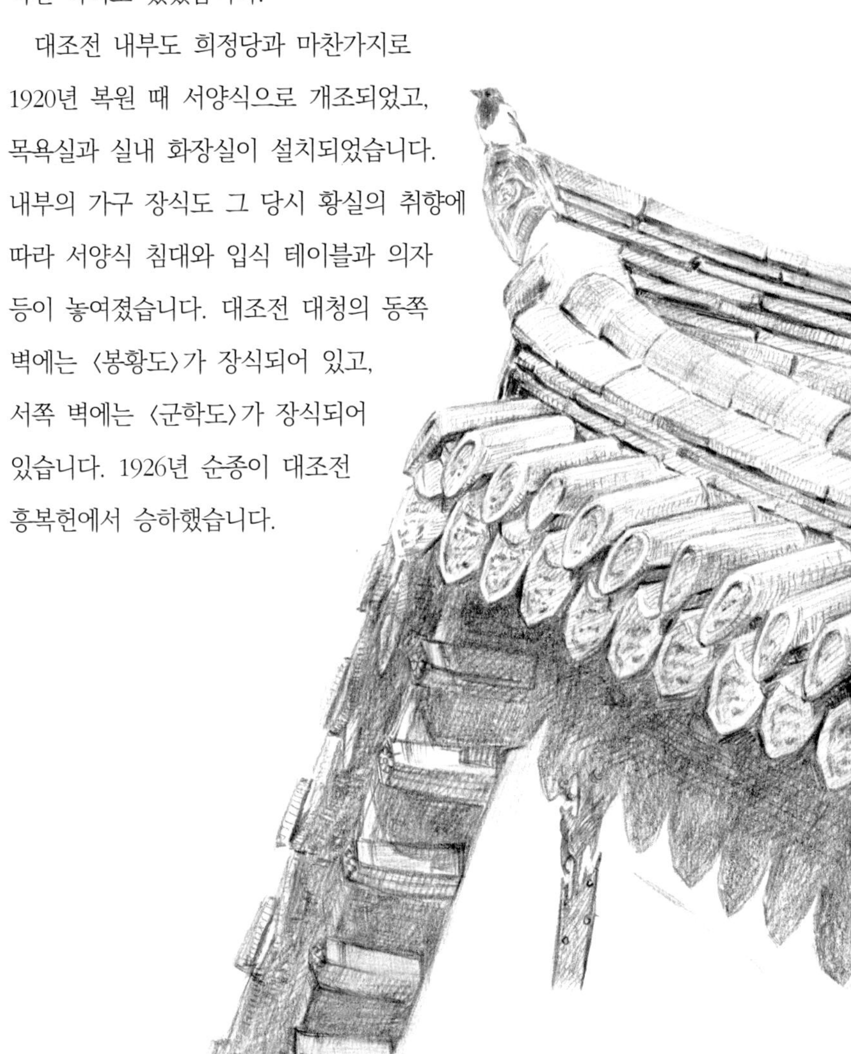

대조전 서익각 지붕에 앉아 있는 까치

〈군학도〉, 김은호 외 4인, 1920년대, 서벽 (창덕궁 관리소 소장)

의자

침대와 의자

어목욕실(御沐浴室)의 욕조와 바닥 문양

이발소

〈봉황도〉, 오일영 · 이용우, 1920년대, 동벽 (창덕궁 관리소 소장)

마루

천장

대조전 방의 옷장

대조전 복도

# 아주 작은 수라간

대조전을 나와 서쪽 좁은 마당으로 들어서면 아주 작은 부엌이 하나 있습니다. 수라간이라고 팻말이 가리키고 있지요. 수라간 하면 우리는 그 유명한 장금이가 활약했던 규모가 큰 왕실의 음식을 관장하던 곳을 떠올리게 됩니다. 그런데 이 작은 건물은 그런 수라간과는 거리가 멉니다. 내부 벽에는 타일을 바르고 유리창을 달고 창문 위에는 망창으로 환기를 할 수 있네요. 창문 위의 망창에 두른 쇠창살은 요즈음도 유럽에 가면 흔히 볼 수 있습니다. 그리고 바닥은 시멘트로 마감을 하고 수도를 쓸 수 있는 조리대를 갖춘 현대식 부엌 시설입니다. 서양 요리를 하거나 쿠키를 굽는 오븐도 있습니다. 100여 년 전에 바로 순송과 윤황후(순정효황후)의 식사를 장만하기 위해 지어진 수라간입니다.

수라간 망창

150

수라간 내부

오븐

개수대

선반

수라간 골목에서 경훈각으로 나가는 문

수라간 골목을 지나 대조전 뒤편으로 가면 경훈각(景薰閣)이 보입니다. 원래 경훈각은 대조전과 내부의 복도로 이동할 수 있도록 연결되어 있습니다. 당시 사람들이 경훈각을 대조전에 딸린 별채처럼 휴식 공간으로 사용한 것임을 알 수 있습니다.

'경훈(景薰)'은 '경광(景光), 즉 경치가 훈훈하다'라는 의미로 쓰입니다. 본래 경훈각은 정면 9칸, 측면 4칸의 2층 건물로 1층을 경훈각, 2층을

경훈각

대조전과 경훈각 사이의 정원

대조전 뒤뜰의 괴석

징광루(澄光樓)라고 불렀습니다. 〈동궐도〉에는 경훈각 지붕이 선정전같이 녹색으로 칠해져 있어 당시 청기와를 얹고 있던 매우 화려한 건물이었음을 짐작할 수 있습니다.

순조는 〈징광루시澄光樓詩〉를 지어 "원근을 조망하니 초목이 새로워 드높은 왕도에 서광이 감돈다. … 누각 주렴을 걷으니 궁전에 햇빛 높아 맑은 향기 흐른다"라고 읊고 있습니다.

계단을 만들고 거기에 꽃을 심어 꽃의 계단인 '화계'가 만들어졌다.

또한 순조의 〈징광루명澄光樓銘〉에는 "가을과 겨울엔 각에 머물고 봄과 여름엔 누에 머무니 사계절 동안 머물기는 이 누가 제일이다"라고 하여 이곳에서의 생활을 예찬했습니다. 그때는 궁궐 앞에 높은 건물도 없었고, 2층 징광루에 올라 멀리 보이는 남산의 풍광이 일품이었겠지요.

1917년 창덕궁의 화재로 불탄 것을 1920년 경복궁의 자경전(慈慶殿) 북쪽에 있던 만경전(萬慶殿)을 철거하여 옮겨 지으면서 1층 경훈각만 복원되었습니다. 만경전은 고종 4년(1874) 경복궁 중건 때 지은 건물입니다.

경훈각 내부에서 바라본 화계

경훈각 뒤편부터 이어지는 대조전의 화계에는 꽃담으로 치장한 굴뚝이 있습니다. 여러 개의 방에서 나온 연도(煙道)가 땅 밑을 통과해 한 개의 굴뚝으로 모아지고, 한 개의 굴뚝 위에는 여러 개의 연가(煙家)를 얹어 놓았습니다. 그을음이 묻어나는 굴뚝을 집으로부터 멀리 설치하고 꽃담으로 장식하는 옛사람들의 조형 감각을 엿볼 수 있습니다. 그리고 높은 화계 위의 담장도 꽃담 치장을 했는데, 이곳이 여성의 공간임을

굴뚝

굴뚝의 학과 사슴 문양

추양문

말해주고 있습니다.

　이곳에서 후원으로 나가는 문으로 추양문(秋陽門)과 천장문(天章門)을 설치했는데, 이 문들에는 홍예(虹霓)를 틀어 운치를 더했고, 홍예 양쪽에 천년을 산다는 학이 불로초를 물고 있습니다. 천장문 밖 후원으로 가는 길은 온통 녹음이 우거져서 한여름에도 서늘한 기운을 느낄 정도로 숲의 공기가 신선합니다. 그 길 왼편의 넓은 공터에 가정당(嘉靖堂)이 있습니다. 양지 바른 곳에 지어진 아담하고 예쁜 집으로 '가정(嘉靖)'은 '아름답고 편안하다'는 뜻입니다. 〈동궐도〉에는 보이지 않으므로 19세기 후반이나 일제강점기에 덕수궁의 가정당을 옮겨 온 것으로 추정됩니다.

대조전 꽃담에 비친 영산홍

후원으로 나가는 천장문

이제 성정각 쪽으로 가려면 걸음을 조금 빨리하는 게 좋겠습니다. 그런데 요즈음 천장문으로 나가는 길이 막혀 있으므로 대조전 뒷마당을 휘돌아 천장문을 바라보고 청향각(淸香閣)을 살짝 둘러본 후 대조전 동편으로 해서 여춘문(麗春門) 계단을 통해 내려옵니다. 여춘문을 지날 때 문기둥에 사뿐히 올린 아름다운 녹색 당초 문양이 눈길을 끕니다. 이 문의 이름에 봄 '춘(春)'이 들어간 이유에 대해서는 다 아시겠지요? 경복궁

청향각 옆 굴뚝과 소나무

굴뚝 문양

의 건춘문이나 경희궁 숭정문의 동쪽 문인 여춘문과 마찬가지로 이곳 대조전의 여춘문도 동편에 있기 때문입니다. '여춘(麗春)'이 '아름다운 봄'이라는 의미처럼 대조전과 희정당 동편의 화계에는 앵두나무가 여러 그루 심어져 있어서 봄이면 앵두꽃이 펼치는 눈부신 아름다움에 절로 봄내음을 느끼게 합니다.

이렇게 꽃구경을 하다가 동인문(同仁門)을 지나 바깥으로 나와 보니 바로 희정당 앞이 되었습니다. 그동안 내전 영역으로 들어가 이리저리 구경하며 돌아다니다가 바깥마당으로 나온 겁니다. 저 아래 서쪽에는 다시 선정전이 보이는데 오히려 이곳에서 선정전의 청기와가 더 잘 보이네요. 가까이 보는 희정당의 낙양각 올린 포치도 화려합니다.

여춘문 기둥의 당초 문양

여춘문 옆 담장의 석루조

진달래와 앵두꽃이 피면 대조전 화계는 봄의 기지개를 켭니다.

여춘문 담장 너머로 후원의 느티나무가 가을색으로 물들었습니다.

하얀 눈꽃이 핀 동인문의 앵두나무

대조전을 둘러보고 나오면 성정각과 희정당 사이의 문을 통해 나간다.

喜雨樓

8 성정각, 학문과 수신에 힘쓰다

보춘정 누마루를 바라보며 꽃 피는 사월을 기다려봅니다.

성정각(誠正閣)은 희정당 바로 동쪽에 있습니다. 이곳이 제왕과 세자가 학문을 익히던 장소임을 알리는 영현문(迎賢門)이 있습니다. 말 그대로 '현인을 맞이하는 문'이라는 뜻입니다. 원래 성정각은 창덕궁의 동궁 영역에 속하는 건물로 왕의 경연 또는 왕세자의 서연이 열리던 곳입니다. 성정각의 이름은 유교 경전 《대학》 중에서 수기치인(修己治人)의 격물(格物), 치지(致知), 성의(誠意), 정심(正心), 수신(修身), 제가(齊家), 치국(治

성정각으로 들어오는 영현문

조화어약과 보호성궁 현판이 달린 내의원과 마당의 약절구

國), 명명덕어천하(明明德於天下)에서 따온 말입니다.

영현문 안으로 들어가면 남쪽 두 개의 건물에 조화어약(調和御藥), 보호성궁(保護聖躬)이라 쓰인 현판이 걸려 있습니다. 모두 임금의 옥체를 위해서 좋은 약을 짓는다는 뜻이겠지요. 그리고 혹 눈치 채셨나요? 두 개 현판의 어(御)와 성궁(聖躬), 두 글자를 다른 글자보다 약간 올려 쓴 것을 말입니다. 당연히 임금을 상징하는 글자도 예의를 차려 다른 글자보다 높게 누고 있습니다. 그 앞에 놓인 마당의 약절구가 이곳이 순종 때 잠시 내의원으로 쓰였다는 것을 말해 줍니다.

170

성정각 본채에 덧붙여 동쪽으로 누마루 집이 있는데, 한 집에 편액이 두 개 붙어 있습니다. 남쪽의 편액은 보춘정(報春亭)이요, 동쪽은 희우루(喜雨樓)입니다. 희우루의 '희우(喜雨)'라는 이름은 조선시대 궁궐이나 누각 이름으로 많이 등장하는데, 당연히 비와 관련이 있습니다. 사실 창덕궁에만 해도 후원의 규장각 서편에 또 하나의 기쁜 비, 희우정(喜雨亭)이 있습니다. 여기 성정각의 희우루는 정조 때 가뭄이 들어 걱정하다가

순백의 살구꽃이 핀 희우루 담장

이 누각의 수리가 끝나는 날 단비가 내려 그 상으로 얻은 이름입니다.

희우루 앞에는 오래된 살구나무와 감나무가 있습니다. 어느 봄날 살구나무 아래 잠시 앉아서 꽃구경을 해보시는 것도 참 좋을 듯합니다. 그리고 아름다운 봄꽃은 담장 밖에도 있습니다.

성정각의 동문인 자시문(資始門)은 중희당과 통하던 문인데, 지금 이 문 앞에는 명나라의 황제가 보냈다는 홍매화가 한 그루 있습니다. 명나라 황제가 보낸 매화라면 그 수령이 400년은 족히 넘었을 텐데, 나무의 수령이 오랜 탓인지 몇 백 년 묵은 나무치고는 그 수세가 몹시 약해 사실 여부를 확인할 수는 없습니다. 그러나 해마다 봄이면 아름다운 홍매화가 피어 자시문 바깥 담장은 장관을 이룹니다. 집주인은 매화가 전하는 봄을 누마루에 앉아 맞이했을 테지요.

담장에 비친 홍매화

172

자시문 앞 만첩 홍매화

# 세자의 공부방, 관물헌

성정각 본채 뒤, 계단 위로 관물헌(觀物軒)이 있습니다. '관물(觀物)'은 '사물을 관찰한다'는 뜻이므로 이미 이 집의 이름이 공부하는 장소로 쓰였음을 짐작하게 합니다. 관물헌은 임금과 세자가 공부하는 장소로 사용했습니다.

관물헌에 걸려 있는 현판의 '집희(緝熙)'라는 의미는 '인격이 오래 빛 나기를 바라다', '계승하여 넓히겠다'는 뜻입니다. 필체가 그렇게 유려

관물헌

관물헌 서쪽 측면의 아궁이와 굴뚝

하지 않은 것으로 보아 글공부를 시작한 지 얼마 되지 않은 어린아이가 쓴 글씨로 보입니다. 현판에 갑자원년(甲子元年)의 어필(御筆)로 되어 있는데, 1864년 갑자년에 고종이 만 12세(13세) 때 쓴 어필입니다. 당시 고종은 새로 왕이 되었으니 선왕의 업적을 계승하여 넓히겠다는 의지 표명으로 해석할 수 있습니다. 이곳은 또한 순종이 탄생한 곳이고, 1884년 갑신정변 때 개화파의 근거지였습니다.

더운 여름날, 관물헌 문을 개방할 때는 이곳 마루에 앉아 마당 앞의 살구나무가 만드는 그늘과 시원한 바람을 즐겨보시기 바랍니다. 그때 부채를 하나 준비하시면 더욱 좋겠지요.

관물헌 방에서 바라본 여름

관물헌 뒤편의 봄과 가을

관물헌 담장 너머로 바라본 승화루

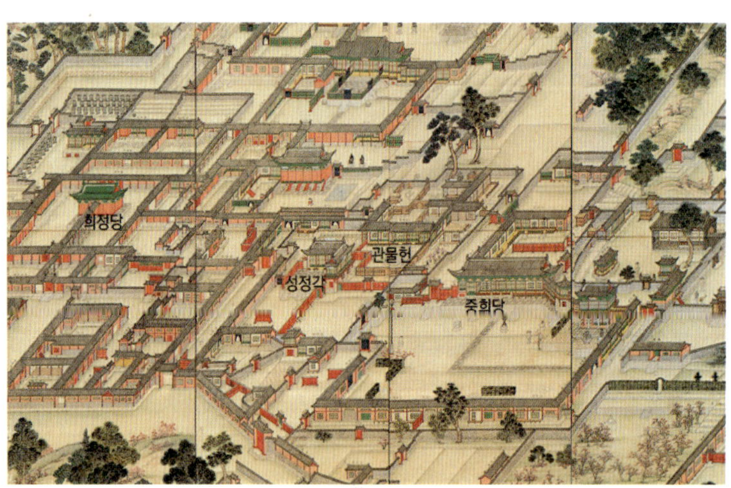


〈동궐도〉에는 중희당 마당에 여러 천문기구들이 놓여 있는 것이 보인다.

# 세자를 위한 공간, 중희당

　성정각 담장 너머에 중희당(重熙堂)이 있었습니다. 중희당은 동궁 영역으로 세자의 교육을 위해 여러 가지 천문기구들이 중희당 마당에 놓여 있던 것을 〈동궐도〉에서 확인할 수 있습니다. 중희당은 정조(정조 6년, 1782년)가 그의 장자인 문효세자를 위해 지은 세자의 집이었습니다. 그러나 문효세자가 5세의 나이로 죽자 정조가 자신의 편전으로 사용하다가 후에 효명세자가 대리청정을 한 동궁입니다.

중희당 터는 현재 후원으로 가는 가장 가까운 길이다.

칠분서와 삼삼와

현재 중희당 터는 성정각을 서쪽에 두고 후원으로 가는 넓은 길이 되어 있습니다. 중희당의 동쪽 일곽이었던 승화루(承華樓·小宙合樓 : 세자의 서고), 삼삼와(三三窩 : 정자), 칠분서(七分序 : 복도)만이 남아 있어 그 자취를 짐작케 하는데, 중희당 터에 서서 오른쪽 매화나무 사이로 보이는 육각 정은 삼삼와이며 왼쪽의 월랑은 칠분서입니다. 원래 동궁이었던 중희 당에 연결되어 있던 구조였습니다.

180

승화루

승화루(承華樓)는 세자의 도서관으로 추정되며, 지금은 없지만 아래층에 의신각(儀宸閣)이라는 방이 있었습니다. 2층의 승화루는 소주합루(小宙合樓)라고 불렀는데, 주합루가 왕실의 도서관이었던 점에서 소주합루도 도서실의 기능으로 사용되었음을 짐작할 수 있습니다. 소주합루와 의신각은 세자의 독서와 휴식 공간이었을 것으로 보이며, 헌종 때 이를 승화루로 바꾸고 목록별로 분류한 장서를 이곳에 보관했었다고 합니다.

승화루의 작은 쪽문과 꽃담

승화루 담장에 비친 능수벚꽃

승화루와 낙선재 일곽이 한눈에 보이는 지점

성정각을 뒤로 하고 낙선재(樂善齋) 쪽으로 가다가 잠시 걸음을 멈추고 승화루와 낙선재 일곽과 그에 딸린 후원 영역이 한눈에 보이는 지점에 서 보시기 바랍니다. 낙선재 영역 전체를 바깥에서 가장 아름답게 볼 수 있는 위치입니다. 승화루 앞의 반송 군락도 아름답고, 낙선재의 바깥 벽채와 건물의 지붕선이 주는 어울림과 전체를 흐트러뜨리지 않는 변화는 매우 뛰어난 미감을 보여줍니다. 그리고 멀리 낙선재 후원의 상량정과 후원을 경계 짓는 꽃담 문양이 고스란히 눈에 들어오는, 이 지점에서 볼 수 있는 풍경이 여러분에게 큰 감동을 주리라 생각합니다.

# 9 낙선재, 사랑을 만나다

# 헌종의 사랑, 낙선재

원래 낙선재(樂善齋) 영역은 건양문(建陽門)을 경계로 창경궁 영역의 생활공간으로 낙선재, 석복헌(錫福軒), 수강재(壽康齋)가 하나의 일곽을 이루는 곳입니다. 태종이 세종에게 양위하고 지은 궁궐이 수강궁이고, 성종 때 창경궁을 지으면서 수강궁 옛 터에 수강재를 지었습니다. 헌종 13년(1847)에 왕의 사적인 공간으로 지어졌고, 후에는 조선 왕실의 후손들이 마지막으로 생을 마감한 곳이기도 합니다. 고종은 1876년 경복궁에 화

낙선재 누마루에서 바라본 장락문

재가 났을 때 중희당에서 정사를 보았고, 낙선재를 편전으로 썼습니다. 또한 순종은 1917년 희정당과 대조전에 불이 났을 때 낙선재를 사용하기도 했습니다. 집 이름 '낙선(樂善)'이란 '선을 즐긴다'는 뜻으로 옛사람들은 '선(善)'을 군자의 덕목 중에서 가장 으뜸으로 여겼습니다.

낙선재와 보소당 현판

낙선재의 대문은 장락문(長樂門)입니다. 장락은 중국 설화의 서왕모가 살았다는 장락궁에서 따온 이름으로 이곳이 신선이 사는 선계(仙界)임을 은유하고 있습니다. 그리고 장락문 현판 왼편 귀퉁이에 대원군장(大院君章)이라는 낙관으로 보아 흥선대원군의 글씨를 판각한 것으로 보입니다. 문을 들어서다 문지방을 보면 가운데 부분이 트여 있는데, 이는 당시 종2품 이상의 관리들이 타던 초헌의 바퀴가 드나들던 흔적입니다. 낙선재 안으로 들어서기 전, 장락문 앞에서 낙선재 후원의 상량정이 보이는 경치가 일품입니다.

낙선재 마루 안쪽으로 보면 동쪽에 걸린 '보소당(寶蘇堂)' 현판이 보입니다. 보소당은 낙선재에 있던 헌종의 사랑방으로 '보소(寶蘇)'는 '소식(蘇軾 : 중국 북송의 시인이자 예술가. 호는 동파)을 보배로 삼는다'는 의미입니다. 낙선재의 주인 헌종의 당호(堂號)이기도 합니다. 본래 청나라 학자 담계(覃溪) 옹방강(翁方綱)이 소식을 사모하여 '보소재(寶蘇齋)'라는 호를 사용했고, 추사 김정희 또한 같은 당호를 썼습니다.

188

낙선재 뒤뜰에서 바라본 복도와 장락문

 # 소박하지만 격조 높은 미의식

낙선재는 단청을 올리지 않은 소박한 집입니다. 낙선재의 치장이라면 문창호의 문양이 매우 다양하지요. 햇살에 비친 창호살이 그려내는 기하학적 문양의 아름다움은 이 집이 가지고 있는 격조 높은 미의식 중 하나입니다. 방 안의 둥근 만월(滿月) 창이 만들어내는 세련된 공간 구성은 현대적인 감각으로 보아도 아주 뛰어납니다.

그리고 누마루와 복도마루 난간을 장식하는 각종 기물 형상이 지니

낙선재 복도 난간

는 신선세계의 상징성 또한 빠뜨릴 수 없습니다. 누마루에 앉아 글을 읽는 선비의 모습은 가히 신선에 비유될 만한 은유를 지니고 있는데, 그것은 바로 누마루의 아래 부분을 장식하고 있는 운판으로 확인할 수 있습니다. 운판은 간단한 선으로 선각한 나무쪼가리일 뿐인데, 이 구름 형상의 나무판을 누각 아래에 붙여 놓으면서 누마루는 구름 위 신선세계가 되고, 그 방에 앉아 글 읽는 선비는 곧 신선이 되는 은유입니다.

이곳 낙선재의 주인 헌종은 아버지 효명세자를 닮아 글씨를 잘 썼으며 읽기를 즐기고 서화에 관심이 각별했습니다. 헌종은 늘 영조의 검소했던 생활을 칭송하며 자신도 그런 생활을 추구했습니다. 헌종의 이러한 의도대로 낙선재는 사치스러움을 경계하여 단청을 올리지 않았습니다. 사치를 극도로 경계했던 헌종의 절제된 취향을 짐작해볼 수 있는 집입니다. 그러나 그 절제의 내면을 채우고 있는 차원 높은 미의식을 놓쳐서는 안 될 것입니다.

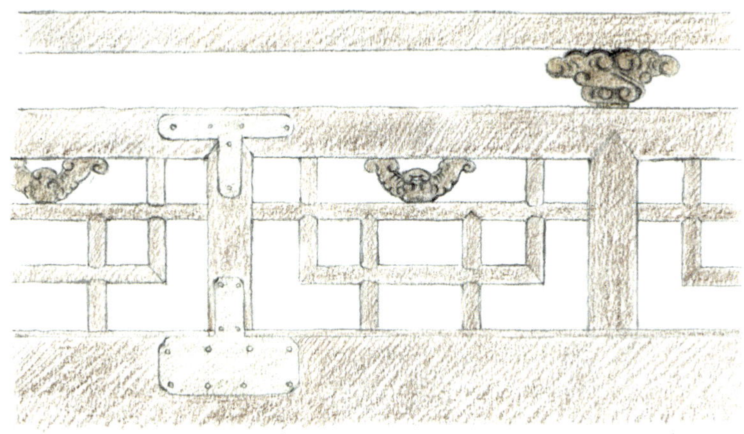

복도 난간의 박쥐 장식

다양한 문양으로 장식된 낙선재 문창살

낙선재 만월창

 <h1 style="text-align:right">귀갑문과 빙렬문</h1>

꽃담은 공간을 구획하는 담장을 여러 가지 문양으로 치장하여 꾸민 담을 말합니다. 꽃담의 문양은 은유(隱喩)입니다. 이곳에서도 우리는 옛 사람들의 간절한 소망을 읽을 수 있습니다.

낙선재 마당 동쪽 담장의 문양은 귀갑문(龜甲紋)입니다. 육각형의 연속무늬인 귀갑문은 거북의 등껍질 문양을 닮았다 해서 붙여진 이름입니다. 또한 석쇠의 그물 짜임을 닮았기에 '석쇠문'으로도 부릅니다. 그 형태적 특성으로 볼 때 거북이 오래 사는 동물이므로 장수를 의미하고

낙선재 동쪽 담장의 귀갑문

194

온갖 악귀가 그물에 걸려 통과하지 못하도록 막아주는 벽사의 의미도 지녔습니다.

　낙선재 누마루 밑 낮은 벽체에는 마치 몬드리안이 추상적 면 구성을 해놓은 것 같은 문양이 있는데, 빙렬문(氷裂紋)입니다. 얼음이 깨진 것 같은 모양에서 나온 이름입니다. 또는 옛날 중국에서 폭죽놀이를 할 때 대나무 폭죽을 썼는데, 그 폭죽 터지는 소리가 마치 얼음 깨지는 소리와 같았다 해서 '빙죽문(氷竹紋)'이라고도 불리며, 그 소리가 귀신을 쫓는다는 주술적 의미도 있습니다. 그런데 이 벽면에 왜 하필 얼음 문양을 놓았을까요? 바로 벽면 뒤로 가보면 그곳에 아궁이가 있습니다. 아궁이는 불을 때는 곳이고 얼음은 물입니다. 당연히 불을 때는 아궁이에서 발생할지도 모를 화재에 대한 벽사의 의미로 빙렬문을 이곳에 두었습니다.

누마루 아래의 빙렬문

낙선재 귀갑문 꽃담장

## 낙선재와 후원의 꽃담 문양들

**뇌문(雷紋)과 고리문[連環紋]** : 뇌문은 번개가 치는 형상을 의미하며, 이 무늬 형상을 따라서 아자문(亞字紋)으로 불리기도 한다. 직선 무늬를 단순히 일직선으로만 쓰는 것이 아니라 모서리나 문양 면의 윤곽에서 매듭을 짓듯이 꾸미기도 한다. 고리문은 둥근 고리가 겹쳐지는데, 이는 시작과 끝이 없는 무시무종(無始無終)의 무늬로 무한한 영원성을 의미한다.

**만자문(卍字紋)** : 만자문은 불교적인 성향이라기보다는 우선 선의 변화에서 그 구성의 아름다움을 생각해볼 수 있다. 만자 무늬는 꽉 채워진 충만을 의미하기도 하고, 천지 조화의 이치를 이 무늬에 표현하기도 한다.

**길상문자문(吉祥文字紋)** : 궁궐 꽃담에 나타나는 길상 문자에는 주로 수복강녕(壽福康寧) 희(囍), 만(萬), 세(歲) 등 주로 오래 복을 누리며 건강하게 살기를 바라는 의미의 한자가 등장한다.

**불로초와 포도** : 주렁주렁 달린 포도송이는 다산을 상징해서 여성의 공간에 많이 나타나는 문양이다. 영지버섯을 닮은 불로초는 무병장수를 기원한다.

낙선재를 나와 석복헌으로 가는 골목의 작은 문

낙선재 동편에 자리 잡은 석복헌(錫福軒)은 낙선재 안채의 역할을 하는 건물로 여성의 거처답게 마당이 아늑하고 전체적으로 아기자기한 맛을 보여주는 공간입니다. 복도 난간대를 장식하고 있는 호리병 모양이나 하엽(荷葉 : 연잎)과 박쥐 모양의 장식이 예쁜 곳이지요.

헌종은 재위 14년(1848)에 순화궁 경빈 김씨를 맞아들이면서 그 처소로 석복헌을 지었습니다. '석복(錫福)'은 '복을 내려준다'는 의미입니다. 왕실의 대통을 이을 왕세자를 얻기 위한 것이었지만, 이러한 바람도 헛되이 헌종은 경빈 김씨를 맞은 후 2년도 채 못 살고 재위 15년 중희당에서 약관 스물셋의 나이로 승하하고 말았습니다.

석복헌 안마당

석복헌 복도 난간

복도 난간의 박쥐와 호리병

# 헌종이 사랑한 여인 순화궁

낙선재 일대가 새롭게 조성된 것은 헌종(憲宗, 재위 1834~1849)이 순화궁(順和宮) 경빈 김씨를 후궁으로 맞아들인 것과 관련이 있습니다. 헌종은 효명세자의 아들입니다. 효명세자가 22세의 나이로 요절했기 때문에 할아버지 순조의 뒤를 이어 여덟 살의 나이에 왕위에 올랐습니다. 즉위 후 재위 3년(1837) 열한 살에 효현왕후와 혼례를 올렸으나 효현왕후 김씨가 열여섯의 나이로 세상을 떠나자 이듬해 효정왕후 홍씨를 계비로 맞아들였습니다. 그리고 3년 후 경빈 김씨를 후궁으로 맞아들였는데, 이때 후궁으로 맞이한 경빈 김씨는 그 이전의 후궁들과는 다른 특별한 대우를 받았습니다. 그녀는 출신부터가 사대부 집안 출신으로, 나라에서 정식 국혼을 거쳐 맞아들인 후궁입니다. 왕실에서는 헌종의 나이가 있는데 효정왕후와의 사이에 후사가 없자 다시 후궁을 맞아들인 것으로 보입니다. 이때 순원왕후는 후궁을 뽑아 헌종의 대통을 이을 왕세자를 얻으라는 언교(諺敎 : 한글로 쓴 왕후의 교서)를 빈청에 내렸습니다.

● 헌종 13년(1847) 10월 20일 1번째 기사
김씨를 경빈으로 책봉하였다. 주부(主簿) 김재청의 딸이다.

경빈 김씨를 맞아들일 때 왕의 춘추 21세로 헌종은 그녀를 몹시 사랑하여 아예 낙선재를 왕의 처소로 하고 경빈 김씨를 석복헌에 기거하게 하였습니다. 이렇게 경빈 김씨에 대한 왕실의 예우는 매우 특별했는데, 이를 ✿《순화궁첩초順和宮帖草》에서 확인할 수 있습니다. 순화궁은 경빈 김씨의 궁호입니다. 《순화궁첩초》는 경빈 김씨가 궁체로 쓴 왕실 비빈을 위시한 내시의 복색, 머리 모양, 화장, 노리개, 반지 등의 수식의 복제에 관한 것과 문안예시(問安禮時)의 복식을 설명한 것입니다. 《순화궁첩초》는 다름 아닌 당시 여성들의 토털 패션 지침서로 이를 훑어보면 계절별 옷감의 종류와 색깔에 따른 복식, 장신구 목록 등을 상세하게 적고 있습니다.

"동지 문안에는 녹색 금직수복문 당의에 대란단 치마를 덧입었고, 삼작노리개를 찼으며, 큰머리 용잠을 했다. 2월 1일 문안에는 공단당의, 칠보가락지,

✿ **순화궁첩초** : 경빈 김씨는 《국기복식소선國忌服飾素膳》과 《사절복식자장요람四節服飾資粧要覽》 두 권의 책을 썼다. 그리고 이를 '순화궁첩초'라고도 부른다. 《국기복식소선》의 내용은 왕과 왕비의 기일인 국기(國忌)에 비빈(妃嬪)을 위시한 내시의 복색·머리 모양·화장·노리개·반지 등의 수식의 복제에 관한 것이다. 《사절복식자장요람》은 궁중 제일의 명절인 탄일(誕日)과 정월·동지·망간(望間 : 정월의 마지막 명일인 보름날)의 문안예시(問安禮時)의 복식을 설명한 것이다. 이들 자료는 하나의 첩갑(帖匣) 안에 두 책이 넣어져 있다. 지금은 퇴색해버린 명절의 개념과 이에 따라 다르게 지켜진 궁중의 규범을 알 수 있다는 데 그 의미가 있다.

어여머리에 떨잠 장식을 한 여인

은칠보반지, 옥모란단잠, 은모란잠(매죽잠)을 했다. 5월 단오에는 광사초록깨끼, 근당한삼, 사웃치마, 옥지환을 했고, 8월 1일에는 백광사당의, 진주나 옥노리개, 매죽잠과 옥모란잠을 했다."

이러한 예를 볼 때 순화궁이 당시 왕비에 못지않은 대우를 받았음을 알 수 있을 뿐만 아니라 패션 감각도 매우 뛰어난 여성이었다는 것을 짐작할 수 있습니다.

그러나 이렇게 애틋한 사랑을 받은 순화궁은 헌종이 1849년(헌종 15년) 6월에 23세로 승하하면서 짧은 행복은 끝이 났습니다. 그리고 왕실의 바람과는 달리 헌종의 후사를 이어줄 왕자도 낳지 못했습니다. 왕의 승하 후 경빈 김씨는 궁 밖으로 나가 살게 되었습니다. 남편으로부터 사랑받지 못했던 한 여인과 샘이 날 만큼 깊은 사랑을 받았던 여인, 이 둘은 아이러니컬하게도 헌종 사후 사이좋게 오래 살았습니다. 효정왕후는 경빈 김씨에게 동기간의 정을 나누 듯 자주 궁으로 불러 말벗을 삼았습니다. 경빈 또한 어른들의 부름을 받고 궁에 들어오면 시할머니인 순원왕후, 시어머니인 신정왕후를 정성을 다하여 받들고, 효정왕후에게도 깍듯이 공경하고 예를 다하였다고 전합니다. 헌종의 계비인 효정왕후(1831~1903)는 73세를 살았고, 경빈 김씨(1832~1907)는 광무 11년(1907)에 76세를 일기로 별세했습니다. 고종은 58년을 선대왕의 후궁으로 산 경빈 김씨의 사망 소식을 듣고 깊이 애도하고 조문을 직접 지어 내리고 장례를 특별히 지원할 것을 지시했습니다.

식복헌에서 수강재로 들어가기는 골목의 작은 행랑채입니다.

수강재(壽康齋)는 석복헌 동쪽에 있는 집으로 '수강(壽康)'은 '오래 살고 건강하다'는 의미입니다. 이곳은 헌종의 할머니인 대왕대비 순원왕후(순조비) 김씨의 처소로 사용되었습니다. 수강재는 낙선재나 석복헌과 달리 단청을 올린 집이었습니다. 지금도 자세히 살펴보면 기둥이나 서까래 부분에 단청의 흔적을 희미하게 발견할 수 있습니다.

본래 이곳은 조선 초 태종이 세종에게 양위하고 상왕으로 물러나 머

수강재

수강재 바깥은 계단과 문을 통해 후원으로 연결된다.

물던 수강궁이 있던 터입니다. 단종이 이곳에서 머물다 영월로 떠났으며, 세조가 승하한 곳입니다. 그 후 순조 때 효명세자가 대리청정 할 당시 이곳을 별당으로 사용했고, 헌종 14년(1848)에 순원왕후의 육순을 맞아 대왕대비의 거처로 고쳐 지었습니다. 순조비 순원왕후는 효명세자의 어머니로 순조의 뒤를 이어 여덟 살의 어린 손자가 왕위에 오르자 헌종 6년까지 수렴청정을 했습니다. 대왕대비의 처소를 동쪽에 두는 것은 중국의 고사에서 비롯되었다고 합니다. 한나라 황제의 어머니인 태후가 미앙궁 동쪽 장락궁에 살았는데, 태후의 거처를 '동조(東朝)'라는 별칭으로 불렀고 태후도 그렇게 불렀습니다. 조선시대에도 왕대비나 대왕대비를 동조라 부르고 거처를 궁궐의 동쪽에 두었습니다.

206

수강재 창고문

수강재 뒤편의 작은 문 옆 매화 문양이 새겨진 꽃담

포도 문양이 새겨진 바깥 꽃담

나선재 뒤뜰의 회제

낙선재 영역의 주거 공간은 서로 연계성을 지니고 있긴 하지만 각각의 집이 담장으로 구획되어 독립된 공간을 확보하고 있습니다. 낙선재와 석복헌과 수강재의 뒷마당은 야트막한 동산과 맞닿아 있는데, 이 또한 각각의 영역이 담장으로 구분되어 있으나 낮은 담장이 큰 차단감을 주지 않을 뿐만 아니라 문을 통해 서로 드나들 수 있어 전체가 하나의 후원 영역을 이루고 있습니다. 이곳은 일반 사가에서 보이는 뒷동산의

낙선재 화계의 겨울

낙선재 화계의 봄

구실로 앞쪽의 집을 아늑하게 감싸는 지형적 역할과 함께 확실한 휴식 공간의 개념도 보여주고 있습니다. 후원에는 각각의 집에 딸린 정자가 있어서 높은 지대에서 한가로이 자연과 공간을 느끼고 싶은 집주인의 성향을 잘 드러내고 있습니다.

낙선재, 석복헌, 수강재의 뒷마당에는 계단시 서축을 빌아 우원으로 연결되고 있습니다. 이 계단식 석축에는 꽃나무를 심어 마치 대조전 뒤뜰의 화계처럼 사계절을 감상할 수 있는 화단을 조성했습니다. 그리고 화계의 중간 중간에 놓인 굴뚝의 조형성은 한국의 전통 건축에서 찾을 수 있는 또 하나의 매력입니다.

당초 문양과 수(壽)자문으로 장식된 굴뚝

　이 석축 계단의 문을 통해 후원에 이르게 하고 화계 위쪽에는 담장을 쌓아 후원 영역을 주거 공간과 구분하고 있습니다. 또한 담장마다 다양한 꽃담 문양으로 치장하여 후원에 이르는 작은 쪽문과 그 양옆으로 펼쳐지는 담장 문양은 매우 아름다운 화폭을 만듭니다. 여러 문양이 주는 다양함과 함께 담장으로 구획되는 공간마다의 특별한 느낌을 만나게 되는 곳입니다.

　후원의 석분에 놓인 괴석에서는 차경의 운치를 엿볼 수 있고, 정자마다 지니고 있는 작은 뜨락의 정겨움 같은 것이 이곳 후원에서 만날 수 있는 품격 있는 미의식입니다.

# 차경, 하늘의 경치를 빌려오다

낙선재 뒷마당으로 가면 괴석을 받쳐 놓은 석함이 있습니다. 육모 석함에는 '소영주(小瀛州)'라고 새겨져 있는데, '작은 영주'라는 뜻입니다. 영주(瀛州)는 봉래(蓬萊) 및 방장(方丈)과 함께 도교에서 말하는 삼신산(三神山)의 하나인데, 동쪽 바다 한가운데 있으며 신선들이 살고 영생불사약이 자란다는 선경(仙境)입니다. 또 석함 위에 놓인 괴석에는 '운비옥립(雲飛玉立)'이라고 새겨져 있는데, 이곳이 구름이 날고 옥돌이 서 있는 신선 세계임을 의미합니다.

소영주 괴석 옆의 네모난 큰 돌연지에는 전서체로 '금사연지(琴史硯池)'라고 새겨져 있어서 집주인이 거문고와 역사책을 즐기는 곳이라는 것을 말해주고 있습니다. 괴석과 돌

'소영주' 괴석

운비옥립

돌연지 '금사연지'

연지는 그 자체로도 감상할 수 있지만 조금 더 깊은 의미를 생각해보자
면 옛사람들의 자연을 즐기는 또 하나의 방법에 접근해볼 수 있습니다.

'차경(借景)', 그대로 풀이하자면 '경치를 빌려온다'는 뜻입니다. 괴석
은 그 조형적인 아름다움보다 산을 내 마음에 끌어들여 즐기는 것이요,
연지는 연을 심어 감상하기도 하겠지만 동시에 그 물에 비친 또 하나의
풍경을 즐기겠다는 의미입니다. 산을 통째로 들어 옮겨 즐기는 것이 아
니라 작은 괴석 하나를 내 마음의 산으로 품어 즐기는 또 다른 차원의
자연 감상법입니다. 넓은 땅에 큰 연못을 파서 즐기기도 하려니와 좁은
뒤뜰에서 연지에 물을 담아 그 물에 비친 하늘을 즐기는 것은 옛사람들
이 자연을 감상하는 또 다른 방식이었습니다.

216

　상량정은 낙선재 후원에 딸린 육모 정자입니다. 원래 이름은 평원루(平遠樓)였습니다. 상량정은 경복궁 향원정에 버금가는 아름다운 정자로 지붕 천장은 육각 평면으로 마감을 했으며, 부귀·장수·다산을 상징하는 박쥐·복숭아·불수감·청룡·쌍학 등의 길상 문양이 가득 장식되어 있습니다. 정자 뒤쪽에 서화류를 보관하던 창고를 닮은 긴 행각이 있는데, 1969년 이곳에서 많은 서화가 발견되었습니다.

상량정 내부 천장의 쌍학과 청룡 문양

상량정과 만월문

　　낙선재 후원은 승화루 후원과 연결되어 있고, 그 사이를 담장으로 구분하고 있습니다. 상량정과 승화루 사이에는 만월문(滿月門)이 있어서 문을 통해 드나드는 후원의 공간 구획은 또 다른 정취를 느끼기에 훌륭합니다. 하늘의 만월을 바라보면서 땅 위에 있는 또 하나의 달을 통과해 선경에 이르는 차원 높은 경치 감상법입니다 중국풍으로 보이는 만월문은 미닫이 형식의 둥근 문으로 문 바깥쪽 좌우 벽에 수복(壽福) 등의 길상 문자와 포도와 꽃무늬 등이 가득합니다. 이 문을 통해 바라보는 인정전 일대의 풍광뿐 아니라 멀리 들어오는 백악이 일품입니다.

만월문을 통해 바라보는 백악의 풍광이 일품입니다.

# 한정당과 취운정

한정당(閒靜堂)은 석복헌 후원에 딸린 집입니다. 1907년에 제작된 〈동궐도형〉에 이곳이 빈터로 그려진 것으로 보아 그 이후 일제강점기에 지어진 것으로 추정됩니다. 실제로 한정당은 유리 창문이나 타일을 사용한 기단 등 전통 한옥의 양식과는 다른 요소들이 가미된 집입니다.

한정당 뜰에는 괴석이 여러 개 놓여 있는데, 괴석의 조형적 형태뿐 아니라 그 괴석을 담고 있는 석분의 문양이 매우 공을 들여 조각한 전

한정당

수강재에서 바라본 취운정

통 기법이어서 더 눈길이 갑니다. 우리 전통 조경에서 집의 정원 치장에 '괴석치레를 한다'는 말에서 짐작해볼 수 있듯이 옛사람들은 괴석 모으기에 꽤나 공을 들였던 듯합니다. 괴석은 하나의 바위나 돌 쪼가리가 아니라 산을 내 마음에 끌어들인다는 차경의 의미로 크게 해석해볼 수 있기 때문입니다.

수강재에 딸린 취운정(翠雲亭)은 이 일대에서 가장 오래된 건물입니다. 숙종 12년(1686)에 세워져 아직 낙선재 일대의 집들이 보이지 않는 〈동궐도〉에도 그 모습이 확인되고 있습니다. 취운정은 온돌방과 마루를 갖추고 있는 집으로 집의 동쪽 면으로 불을 지피던 아궁이가 있습니다. 그리고 위치가 높은 취운정에서 동쪽으로 바라보면 낮은 담장 너머로 창경궁이 보이고, 또 그 너머로 함춘원(현재 서울대학교 병원 내에 위치해 있는데, 창경궁 동쪽의 왕실 동산이자 후원이었다) 동산이 보입니다.

한청당에서 바라본 석복헌 뒤뜰

# 마지막 왕실의 가족 이야기

창덕궁의 다른 부분과 달리 낙선재와 석복헌과 수강재는 최근까지 조선 왕실의 후손들이 사용했습니다. 1917년 창덕궁 내전 권역의 화재로 희정당과 대조전이 소실되자 순종과 순종비 윤황후는 낙선재를 임시 거처로 사용했습니다.

조선의 마지막 왕비인 순정효황후 윤씨는 1906년 13세의 나이에 동궁의 계비로 책봉이 되었다가 1907년 순종이 황제의 위에 오르자 황후가 되었습니다. 1926년 순종 승하 후에는 낙선재에 기거했습니다. 윤황후는 한국전쟁이 일어나자 이승만 정부의 외면으로 피신을 못하고 낙선재에서 전쟁을 맞았으나 1951년 1·4후퇴 때 미군의 도움으로 부산으로 피난을 갔습니다. 윤황후 일행은 전쟁이 끝난 후 서울로 돌아왔지만 이승만 대통령의 거부로 낙선재에 들지 못하고 정릉동 수인재에서 기거하다가 1960년 석복헌으로 환궁했습니다.

순정효황후 윤씨는 불교에 심취하여 대지월이라는 법명을 받고 늦은 나이에도 불경 공부뿐 아니라 피아노를 배우고 영어 공부에도

순종과 순정효황후

왼쪽부터 영친왕, 순종, 고종, 순정효황후, 어린 덕혜옹주

열심이었다고 합니다. 순정효황후는 1966년 2월, 72세를 일기로 석복헌에서 서거했습니다. 사람들은 윤황후께서 생전에 국모로서의 위엄을 잃지 않으려 애쓰고 흩어진 왕실 가족들을 보듬고 따뜻하게 대했다는 이야기를 전합니다.

낙선재 본채는 영왕비인 이방자 여사가 1963년 귀국하여 1989년까지 기거하던 곳입니다. 1907년 11세의 어린 나이에 강제로 일본으로 끌려갔던 영친왕은 1963년 병든 몸으로 귀국했습니다. 조선의 마지막 황태자 영친왕은 성모병원에서 7년간의 투병생활 후 1970년 5월 1일 임종을 맞으러 낙선재로 들어와 영면했습니다. 고종의 막내딸 덕혜옹주(德惠翁主)도 1962년 일본에서 귀국한 후 수강재에서 살다가 1989년 세상을 떠났습니다. 이방자 여사와 덕혜옹주는 1989년 열흘 간격으로 이곳 낙선재에서 그들의 생을 마감하게 되었습니다.

# 비운의 덕혜

일본 유학시절의 덕혜옹주

덕혜옹주는 1912년 5월 25일 고종과 복녕당 양귀인 사이에서 태어났습니다. 고종이 환갑에 얻은 고명딸로 태어나면서 온통 왕실의 사랑을 독차지했고, 1917년 정식으로 황적에 입적했습니다. 일제에게 딸을 빼앗기기 싫었던 고종은 옹주를 1919년 황실의 시종 김황진의 조카 김장한과 약혼을 시도했지만 실패했고, 그해 1월 21일 고종은 갑자기 승하했습니다.

덕혜옹주가 5세 때 덕수궁 준명당에 유치원이 생겼고, 서울에서 일본인 자제들이 다니는 학교인 히노데 소학교에 다녔는데, 그동안 복녕당 아기씨로 불렸다가 1921년에 덕혜라는 호를 내려받았습니다.

● 순종 9년(1916) 4월 1일 1번째 기사
덕수궁 안에 유치원을 설치하여 복녕당의 아기씨〔阿只氏〕를 교육할 것을 명하였다. 이어 교구치 사다코〔京口貞子〕와 장옥식을 보모로 촉탁하였다.

그러나 아버지 고종의 승하로 힘을 잃은 조선 왕실은 덕혜옹주를 일제의 책략으로부터 보호해줄 수 없었습니다. 덕혜옹주는 '황족은 일본에서 교육시켜야 한다'는 일제의 요구에 의해 일본 유학의 명목으로 1925년 4월, 13세에 강제로 일본으로 끌려가 학습원에 입학을 했습니다. 그러나 그곳에서의 외로운 생활로 인한 정신적 고통을 이겨낸다는 것이 어린 그녀에게는 너무나 큰 시련이었겠지요.

1926년 순종이 위독해지자 오빠 이은(영친왕)과 함께 귀국했지만, 4월 25일 순종이 사망하자 국장에 참석하지 못하고 5월 10일 일본으로 떠났습니다. 당시 일제는 덕혜옹주가 국장에 참석하는 것을 허락하지 않았고, 1927년 1주기 때에야 참석이 허락되었습니다. 그리고 1929년 4월 22일 생모인 복녕당 양씨의 사망으로 귀국했지만, 옹주는 자식으로서 복상도 하지 못하고 다시 일본으로 가야만 했습니다. 순종 승하 때에도 귀국했으나 어머니를 보지 못하고 일본으로 되돌아간 덕혜옹주는 끝내 생전의 어머니를 볼 수 없었던 것입니다. 덕혜옹주는 어머니 양씨의 죽음으로 인한 충격과 절망감으로 1930년 봄부터 몽유증 증세가 나타나기 시작하면서 영친왕의 거처로 옮겨 치료를 받았습니다. 증세는 조발성치매증(정신분열증)으로 진단되었습니다.

다소 병세가 좋아진 이듬해 1931년 5월 8일 대마도 도주의 후예인 백작 소오 다케유키(宗武志)와 정략결혼을 했고, 이듬해 딸 마사에(정혜正惠)를 낳았습니다. 그러나 결혼 후에 병세가 더욱 악화되어 남편과 주변 사람들의 간호에도 병세가 호전되지 않자 1946년 마쓰자와 도립정신병원에 입원했습니다. 이후 계속 병상생활을 하다가 결국 1955년 다케유키와 이혼했습니다(덕혜옹주와 소오 다케유키의 이혼 시기에 대해서는 1951년과 1953년 설이 있지만, 이방자 여사 〈흘러가는 대로〉에 의하면 1955년으로 기록하고 있다). 외동딸이었던 정혜마저 1956년 결혼에 실패하고, 3개월 뒤 유서를 남기고 일본 남알프스 산악지대에서 실종되었습니다(현해탄 자살설이 있다).

덕혜옹주는 해방 후 일본에 있던 조선 왕실의 후손들이 대한민국의 품으로 돌아오는 것을 달갑게 여기지 않았던 이승만 정부의 반대로 한국에 오지 못하다가 1962년 1월 26일 박정희 대통령의 배려로 귀국했습니다. 1962년 1월 26일, 고국을 떠난 지 37년 만에 병든 몸으로 쓸쓸히 귀국한 덕혜옹주는 창덕궁의 낙선재에 찾아가 순종의 계비인 순정효황후 윤씨를 만났습니다. 실어증으로 말을 제대로 할 수도 없었지만 오직 창덕궁이라는 공간만이 그녀에게 무의식의 위로가 되었는지도 모르겠습니다. 덕혜옹주는 1989년 4월 21일 78세로 수강재에서 대한제국 황녀로서의 비극적인 삶을 마감했습니다. 덕혜옹주는 죽어서 아버지 고종이 묻힌 홍릉(洪陵) 뒤편에 묻혔습니다.

# 10

후원을 산책하다

녹음이 드리워진 후원 가는 길

창덕궁 후원은 한동안 사람들에게 '비원(祕苑)'이라는 명칭으로 더 잘 알려져 있었습니다. 이는 구한말에 창덕궁 후원을 관리하던 관청 이름에서 유래된 것입니다. 비원이라는 말이 처음 등장하는 것은 《고종실록》(1903년 12월 30일자 기사)에 "비원(祕苑)은 창덕궁 안 후원을 관리하며 지키는 사무를 맡아 본다"라는 기록입니다.

● 고종 40년(1903) 12월 30일 1번째 기사
포달(布達) 제108호, 〈궁내부 관제 중 비원 증치 안건[宮內府官制中祕苑增置件]〉을 반포하였다. 【비원(祕苑)은 창덕궁 안 후원을 관리하며 지키는 사무를 맡아본다. 감동(監董) 2인은 각부(各府)와 부(部), 원(院)의 칙임관 중에서 겸임시키며 검무관(檢務官) 3인, 감동(監董) 1인은 주임관이고, 주사(主事) 4인은 판임관이다.】

《순종실록》(1908년 4월 17일 2번째 기사)에는 "비원에 나아가 과녁을 쏘았다. 각 대신들이 배사(陪射)하였다"라고 적고 있습니다. 그 후 일제강점기에 궁궐을 일반에게 공개하여 창덕궁 후원의 명칭을 비원으로 부르기 시작했습니다.

● 순종 1년(1908) 5월 21일 1번째 기사
비원에 나아갔다. 황후도 같이 나아가서 각 학교 학도들과 여학도들 가운데서 기예(技藝)가 정예(精銳)한 자들의 연합운동회를 관람하였다. 종친과 문무 관리들이 부인들과

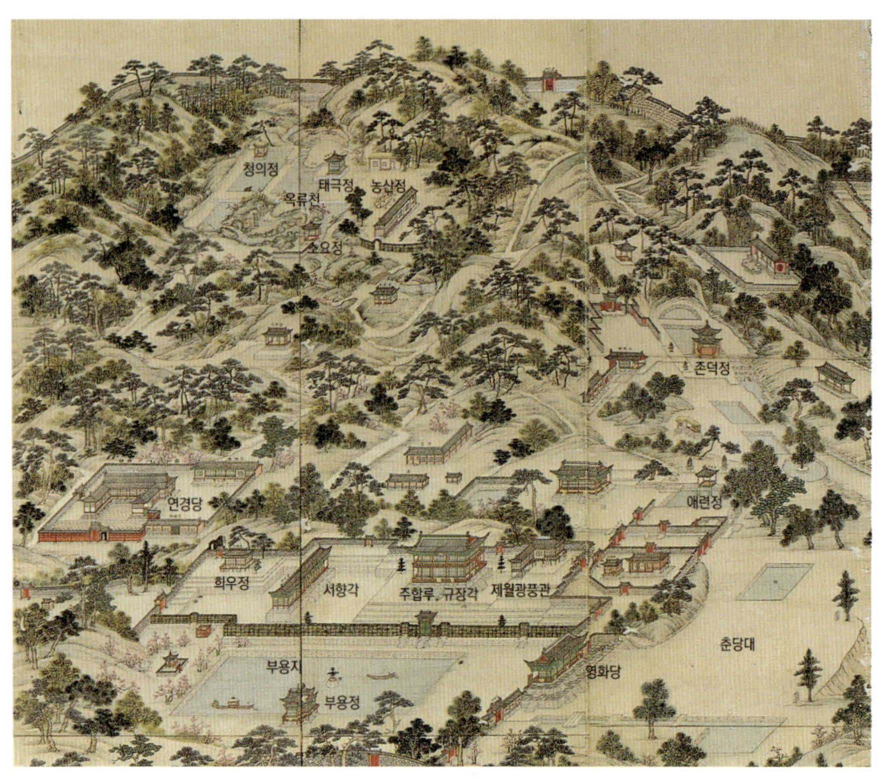


〈동궐도〉, 후원 영역

함께 관람하였으며, 내각의 각 대신들이 부인들과 함께 관람하였다.


　현재 창덕궁 후원으로 가는 길은 관물헌 담장 밖 넓은 길에서부터
시작합니다. 이 길은 1960년대 박정희 군사정권시절에 새로 낸 후원으
로 통하는 직선 도로라고 합니다. 원래 창덕궁의 후원으로 가는 길은
여러 군데에 있었습니다. 대조전과 경훈각 뒤편 천장문이나 화계 위로
난 작은 문들이 모두 후원으로 통하는 문이었습니다. 지금은 함양문 근

232

관물헌 담장 안 수백 년 된 느티나무

〈동궐도〉에서 보는 함양문과 느티나무

처 관물헌 쪽에서 출발하는 넓은 길이 후원으로 가는 가장 가깝고 편리한 길이 되었습니다.

그러나 우리가 진정한 아름다움이나 그 격조 있는 운치까지 즐기려할 때 사실 가깝고 편리하다는 것은 오히려 그 맛을 반감시킬 수 있는 아쉬움이 있습니다. 그런 아쉬움에도 불구하고 지금 우리가 걷고 있는 이 길이 상당히 아름답고 충분히 매력적인 길이라는 점을 인정하지 않을 수 없습니다. 자, 이제 이 빠른 길에서 최대한 천천히 두리번거리며 걸어보시기 바랍니다.

출발 지점에서 관물헌 쪽을 바라보면 담장 안에 아주 오랜 수령을 자랑하는 느티나무 한 그루가 있습니다. 그 나이가 수백 년이 된 이 나무를 옛 도화서 화원들은 〈동궐도〉에 그려놓았습니다. 오르막길이 되면서 왼편 담장 안쪽으로 대조전이 보입니다. 이미 나무 그늘은 우거져서 숲내음이 코를 물씬 자극하는데 어디선가 새소리도 들려옵니다. 가을이면 불타는 듯 새빨간 단풍잎이 터널을 만들어 장관을 이룹니다.

# 왕실의 휴식 공간으로서의 후원

창덕궁의 후원은 야산을 이용해 그 자연미를 최대한 살린 조선왕실의 대표적인 정원으로 조성된 휴식 공간입니다. 궁궐의 원림은 '후원(後園)', '북원(北苑)', '금원(禁苑)', '상원(上苑)'이라는 명칭으로 불렸습니다. 궁궐 전각의 뒤쪽에 있어서 후원이라 불리고, 궁궐의 북쪽 높은 지대에 두어 아무나 함부로 들어가지 못하는 공간이라는 개념입니다. 《동국여지비고東國輿地備考》에는 '상림(上林)'이라 표현되었습니다. 궁궐의 동산을 관리하던 관청이 상림원(上林園)이었습니다. 이곳은 왕이 수학(修學)하고 수신(修身)하며 소요(逍遙)하던 곳입니다. 때로는 사냥도 하고 무술도 연마하며 제단도 설치해서 제사도 올리고 종종 연회도 베풀며 정사의 속박에서 벗어나 무욕허심(無慾虛心)의 경지에서 자족하고 사색하도록 건물과 정원을 조영한 공간입니다.

후원의 영역을 현재와 같은 규모로 확장한 왕은 세조입니다. 《세조실록》을 살펴보면, 세조 8년 후원이 너무 얕고 좁으니 넓히라는 왕의 지시로 후원 동쪽에 인접한 백성 집 73채를 헐어 동쪽 담장을 넓혔습니다. 백성들에게는 그들이 원하는 곳에 빈 땅을 주어 이주케 했습니다. 그리고 이듬해 세조 9년, 후원 북쪽의 민가 58채를 추가로 철거하여 후원의 경계가 성균관에 가깝게 하고 동시에 동쪽을 넓혀 담장을 쌓았습니다. 후원 영역에 많은 정자가 지어진 것은 1636년 무렵 인조 때입니다. 지금 후원에 남아 있는 오래된 정자는 대부분 그때 세워진 것입니다.

● 세조 8년(1462) 1월 30일 2번째 기사
처음에 임금이 창덕궁의 후원이 얕고 좁다고 하여 동쪽 원장(垣墻)을 넓혀서 쌓으려고 하였다. 이때에 이르러 선공제조(繕工提調)에게 명하여 그 기지(基址)를 살펴서 정하게 하니, 주위의 둘레가 모두 4천 2백 척(尺)이고 그 안에 인가(人家)가 모두 73채였다. 명하여 2월까지 모두 철거하게 하고, 그 집주인에게 3년 동안 복호(復戶)하여 주고, 한성부로 하여금 그들이 원하는 바에 따라 빈 땅을 절급(折給)하게 하였다.

● 세조 9년(1463) 2월 7일 2번째 기사
임금이 중궁(中宮)과 더불어 창덕궁에 거둥하여, 궁장(宮墻)을 보고, 기지를 넓게 쌓도록 하였다. 이 앞서 궁장을 넓히고자 하여 궁(宮) 동북동(東北洞)의 인가를 철거하였는데, 이에 이르러 또 북쪽 고개 밑의 인가 58구(區)를 철거하니, 주위가 무릇 4천 척이었다. 행첨지중추원사 김개·판한성부사 이석형·한성부윤 권반·공조참판 이연손·인수부윤 황효원을 제조(提調)로 삼고, 군기판사 황신·사복판사 박서창·군기부정 한치의·공조정랑 성율·한성소윤 신승선·선공주부 강치를 낭관(郎官)으로 삼아, 도성 방리인(都城坊里人)을 다 징발하여 통(統)을 나누어 쌓으니, 1백 19가(家)로서 1통을 삼고, 1통이 쌓은 것이 25척이었다. 통은 대개 1백 60이고, 통마다 모두 직질(職秩)이 높은 인원으로서 주관하게 하여, 오늘부터 역사를 시작하였는데, 전교하기를, "동쪽 고개[東岾]도 또한 이 주산(主山)의 내맥(來脈)이다. 성 밖에 있게 되면 마땅하지 못하니, 다시 넓히도록 하라" 하니, 이에 또 4백 척을 물리었다.

현재 후원의 면적은 약 9만 평(297,520㎡)으로 창덕궁 전체 면적 약 14만 5천 평(479,340㎡)의 60퍼센트를 차지하고 있습니다. 후원에는 약 160여 종의 수목이 있으며, 수령 300년 이상이 된 고목도 70여 수에 이릅니다. 또한 68종의 희귀 새가 서식하고 있어 생태계의 보고로 그 학술적 가치 또한 매우 크다고 볼 수 있습니다.

후원 가는 길의 봄

여름

236

가을

겨울

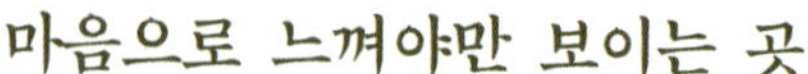

# 마음으로 느껴야만 보이는 곳

　창덕궁 후원은 그 모습이 산골짜기를 넘을 때마다 다른 모습을 연출하여 한 번에 전체를 보여주지 않습니다. 내가 그 깊은 자연 속으로 들어서야만 비로소 일부를 보여주는 다양성을 지니고 있습니다. 그것은 그냥 바라보는 경관이 아니라 보는 이가 스스로 자연과 함께 호흡하고 마음으로 느껴야만 누릴 수 있는 실체입니다. 골짜기마다의 작은 연못과 정자와 거기에 드리워진 하늘과 나무, 그리고 새소리와 물소리까지 온전히 즐기려면 천천히, 느리게 소요하면서 거닐어봐야만 그 정수를 느낄 수 있습니다.

　조선의 왕들은 나랏일에 지친 몸과 마음을 달래기 위해 신하들과 함께 후원을 찾고 그곳에서 자연을 감상하고 시를 지어 서로의 마음을 주고받았습니다. 또 말을 타고 후원 숲속을 달리며, 때로는 사냥으로 몸을 단련하고 사대(射臺 : 사격을 하는 장소)에 올라 활을 쏘면서 그 기량을 겨루기도 했습니다. 이처럼 후원은 왕실의 휴식 공간으로 이용되었지만, 또한 나라의 중요한 행사가 치러지던 공간이기도 합니다. 춘당대에서 행해지던 군사훈련이나 과거시험, 왕과 왕비가 백성들에게 농사와 양잠을 권고하기 위한 의식이 이곳 후원에서 행해지기도 했습니다.

후원 가는 길에 붉게 물든 단풍나무 터널

# 11 부용정 초록에 빠지다

청초한 연꽃의 형상을 하고 있는 부용정입니다.

시원한 숲길이 끝나고 내리막이 되면서 후원 가까이에 당도하면 시야가 확 트이는 새로운 풍광이 펼쳐집니다. 그러나 아직 성급하게 언덕 아래까지 달려갈 필요는 없습니다. 높은 언덕에 지어진 규장각이 약간 내려다보이는 위치에 서서 우리가 다가갈 곳을 살펴보는 것도 좋겠습니다. 높은 계단 위의 산자락에 기대 지은 2층집이 규장각이요, 그 옆 동쪽의 마당 너른 집이 영화당입니다. 그리고 이제 조금 더 다가가서 가까이 보니 네모난 큰

내리막에서 바라본 부용지 일원

부용정

연못에 발을 담그고 있는 어여쁜 정자는 부용정(芙蓉亭)입니다. 드디어 우리
는 후원에 당도했습니다.

　창덕궁 후원 이곳 주합루 일대에서 서남쪽으로 연못가에 살짝 수줍
게 걸쳐 있는 정자가 부용정입니다. 숙종 33년(1707)에 세조 때의 우물
자리에 연못을 파고 그 연못가에 택수재(澤水齋)라는 집을 지었습니다.
그 후 택수재를 정조 16년(1792)에 고쳐 지으면서 '부용정'이라 했습니
다. '부용'은 '연꽃'입니다. 부용정은 아자(亞字)형의 맵시 있는 정자로
이름 그대로 이제 막 피어나는 청초한 연꽃의 형상입니다. 툇마루 주위
로 난간을 둘렀고, 정자 내부의 북쪽으로 돌출된 부분의 마루는 한 단
을 높여서 이곳이 임금의 자리임을 보여주고 있습니다. 그 자리에 앉아

244

네모난 연못에 둥근 섬을 만들어 신선세계를 표현하고 있다.

창문을 열면 마치 물 위에 떠 뱃놀이를 하는 듯한 느낌과 함께 여름날 물가에 발 담그고 시원한 탁족의 운치를 즐길 만했으리라 생각됩니다.

네모난 연못과 가운데 둥근 섬은 도가사상의 천원지방(天圓地方)에 근거하여 인공으로 조성했습니다. 즉, 하늘은 둥글고 땅은 네모이기에 하늘의 덕은 둥글고 원만한 데 있고, 땅의 덕은 반듯한 데 있다는 의미입니다. 섬 가운데는 신선세계에 있다는 소나무를 심어서 이곳 부용지에 당도함으로써 선경의 신선이 되었다는 은유를 담고 있습니다. 〈동궐도〉에는 부용지에 배가 두 척 떠 있는데, 정조가 이곳에서 신하들과 낚시를 즐겼다는 이야기가 있습니다. 물론 잡은 고기는 다시 놓아주었다고 하구요.

부용정의 여름

● 정조 19년(1795) 3월 10일 1번째 기사

내원(內苑)에서 꽃구경을 하고 낚시질을 하였다. 여러 각신(閣臣)의 아들·조카·형제들도 참여하였는데, 모두 54인이었다. 또 특별히 영의정 홍낙성과 직부(直赴) 이시원을 불렀는데, 영상은 연치(年齒)나 덕망(德望)에 있어 모두 높기 때문에 매년 이 모임에 번번이 불러들여 참여시켰으며, 시원은 인망을 쌓아 규장각의 관리로 뽑혔기 때문이었다. 상이 이르기를, "올해야말로 천 년에 한 번 있을까 말까 한 경사스러운 해이다. 그러니 이런 기쁜 경사를 빛내고 기념하는 일을 나의 심정 상 어찌 그만둘 수 있겠는가. 매년 꽃구경하고 낚시질하는 놀이에 초청된 각신의 자질(子姪)이 아들이나 아우나 조카에만 한정되다가 올해에 들어와 재종(再從)과 삼종(三從)으로까지 그 대상이 확대된 것 역시 대체로 많은 사람들과 함께 즐거움을 나누려는 뜻에서이다" 하였다.

조금 있다가 상이 말을 타고 나가면서 신하들에게 말을 타고 따라 오도록 허락하였다. 어수당(魚水堂) 앞에 이르러 신하들에게 말에서 내리라고 명하였다. 천향각(天香閣)에 어좌(御座)를 설치하였다. 대신과 각신에게 술병과 안주 그릇을 하사하면서 각자 마음대로 경치 좋은 곳에서 놀며 쉬게 하였다. 약간의 시간이 흐른 뒤에 상이 다시 존덕정

246

사정기비각 옆에 이무기와 이화 문장으로 장식한 석루조가 보인다.

(尊德亭)의 서쪽 태청문(太淸門) 안의 막차(幕次)로 거둥하여 대신에게 이르기를, "예로부터 내원의 놀이에는 척리(戚里)가 아니고서는 들어와 참여할 수가 없었으니 외신(外臣)을 내연(內宴)에 참여시킨 것은 특별한 은전이라 하겠다. …(중략)… 술이 몇 순배 돌자 상이 세심대의 대자(臺字) 운(韻)을 써서 입으로 칠언(七言)의 소시(小詩) 한 수(首)를 지어 읊은 다음 대신과 제신(諸臣)에게 화답하라"고 명하였다.

또 부용정(芙蓉亭)의 작은 누각으로 거둥하여 태액지(太液池)에 가서 낚싯대를 드리웠다. 여러 신하들도 못가에 빙 둘러서서 낚싯대를 던졌는데, 붉은색 옷을 입은 사람들은 남쪽에서 하고 초록색 옷을 입은 사람들은 동쪽에서 하고 유생들은 북쪽에서 하였다. 상이 낚시로 물고기 네 마리를 낚았으며 신하들과 유생들은 낚은 사람도 있고 낚지 못한 사람도 있었다. 한 마리를 낚아 올릴 때마다 음악을 한 곡씩 연주하였는데, 다 끝나고 나서는 다시 못 속에 놓아주었다. 밤이 되어서야 자리를 파했다.

복원된 두 개의 우물

　연못 서쪽으로는 이곳 부용지 일대의 유래를 말해주는 작은 비각이 있습니다. 그 비각을 지금은 사정기비각(四井記碑閣)이라 하는데, 본래 이름은 술성각(述盛閣)입니다. 세조 때 영순군 이부(李溥)와 오산군 이주(李澍)로 하여금 이곳에서 우물을 찾게 하여 2개씩 모두 4개의 우물을 발견했는데, 마니(摩尼), 파려(玻瓈), 유리(琉璃), 옥정(玉井)이라 이름 지었습니다. 그러나 세월이 가면서 여러 차례의 병화(兵火)를 겪어 옛 자취가 깡그리 없어지고 두 우물만 남았으나, 그나지 풀이 지라 쑥대밭이 되었으니 그 모습이 쓸쓸하기만 했습니다. 이에 숙종 16년(1690) 4월, 남아 있는 두 우물을 수리하고 그 연유를 새겨 사정기비(四井記碑)를 세웠습니다. 사정기비각 북쪽으로 몇 년 전 복원한 두 개의 우물이 보입니다.

248

여름날 부용지를 찾아온 목이 긴 왜가리

눈 쌓인 겨울나무 사이로 어수문과 주합루가 보이고…

높은 언덕 위에 있는 주합루로 오르는 정문이 어수문(魚水門)입니다. '어수(魚水)'는 '물고기와 물'을 일컫는 말로 '수어지교(水魚之交)'라는 고사에서 나온 말입니다. 여기서 물고기는 신하를 뜻하고, 물은 정조 임금입니다. 물고기가 물을 떠나 살 수 없듯이 그의 신하들도 왕의 뜻 안에서 활약하라는 정조의 강력한 왕권을 표방하는 문 이름입니다. 인재를 등용해 쓰되, 강력한 군주로서의 자신감을 엿볼 수 있습니다.

어수문

어수문에 투각된 용틀임

기둥의 당초 문양과 소맷돌의 구름 문양

　　주합루로 올라가는 가운데 계단에 좁은 문 세 개가 있는데, 이중 가운데 조금 큰 문은 주합루의 정문답게 한껏 치장을 했습니다. 문은 그리 크지 않은데 그 장식이 만만치 않아 보입니다. 세로로 '어수문'이라는 현판이 걸려 있고, 소맷돌의 구름 문양과 어수문에 투각(透刻)한 용틀임으로 한껏 그 위용을 뽐내고 있음을 볼 수 있습니다. 왕께서 사용하시던 문이었겠지요. 그렇다면 어수문 양옆의 협소한 문은 신하들이 사용했을까요. 정조는 인재들을 등용하되 항상 선비로서의 겸양을 잊지 말 것을 이 작은 문으로 말하고 있는 듯합니다.

어수문 양쪽의 취병은 주합루 공간을 깊고 아늑하게 만들어준다.

어수문을 가운데 두고 양쪽으로 대나무로 틀을 짜서 만든 생울타리 담장이 보입니다. 바로 취병(翠屛)입니다. 〈동궐도〉에 보면 여러 군데에 이러한 취병을 설치한 것을 확인할 수 있습니다. '취병'이란 말 그대로 '푸른 병풍 담장'입니다. 생나무로 엮은 취병은 돌이나 벽돌을 쌓아 만든 담장보다 위압적이지 않으면서도 공간을 구획해주는 여유로운 차단 효과를 주는 전통 방식의 울타리 담장입니다. 집의 경계를 삼는 담장이 필요한 곳에 딱딱한 재료인 돌이나 벽돌을 쓰는 대신 나무 울타리를 꾸미면서 시각적인 차단 효과를 주면서 자연에 더 친화적인 느낌을 주는 공간 구획의 방식입니다.

# 정조의 꿈, 규장각과 주합루

부용정에서 연못 북쪽으로 높은 계단 위에 지어진 2층집은 주합루(宙合樓)라는 현판을 달고 있습니다. 1776년 정조 즉위년에 지은 2층 누각으로 아래층은 왕실 서고인 규장각(奎章閣)이고, 위층은 주합루로 열람실입니다. '주합루'란 '천지 우주와 통하는 집'이라는 뜻입니다. '주합(宙合)'은 육합(六合), 즉 상하(上下)와 사방(四方)을 가리키는데, 이는 곧 천지(天地)를 의미합니다. '규장(奎章)'은 '황제가 지은 문한이나 어필'을 말하는데, 규장각이란 문장을 담당하는 하늘의 별인 규수가 빛나는 집이라는 뜻입니다.

1층 규장각과 2층 주합루

주합루 난간 장식

규장각 소맷돌의 구름 문양

규장각은 정조 시대 개혁정치의 본산으로 그 중추가 되었던 기관입니다. 숙종 때의 규장각은 종부시(宗簿寺)라고 하는 종친들이 관리하는 기구 안에 왕의 글씨나 왕이 지은 책 등을 보관할 목적으로 지은 작은 건물이었습니다. 1776년 3월 경희궁에서 즉위한 정조는 즉위한 후 석 달이 지났을 무렵 창덕궁 후원에

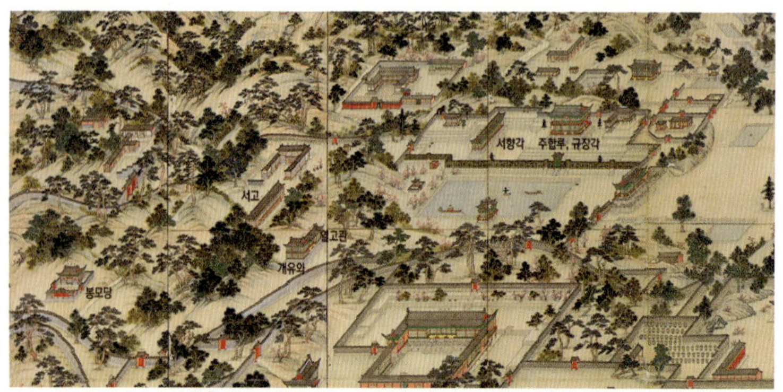


〈동궐도〉에 그려진 규장각 일원

규장각을 짓도록 명하여 9월에 규장각을 완공시켰습니다. 아울러 서남쪽에는 어진 등 왕실 문건을 모셔 놓는 봉모당(奉謨堂)을 짓고, 정남쪽에는 국내 서적을 보관하는 2층 건물 열고관(閱古觀), 그 북쪽에 잇대어 중국 서적을 보관하는 개유와(皆有窩), 서쪽에 가끔 책을 옮겨다 바람을 쐬는 서향각(書香閣), 서북쪽에 또 다른 서고(書庫) 등 부속건물을 여러 채 지었습니다.

정조는 애초에 왕의 글이나 왕실 족보와 물품 등을 보관하던 작은 서고에 지나지 않던 규장각을 국내외의 귀중한 도서를 소장하는 왕립도서관으로, 다시 그곳에 젊고 유능한 인재들이 학문을 연마하는 연구소로, 그 인물들이 성장함에 따라 왕의 자문기구·비서실·정책개발실·출판소 등으로 그 기능을 확장시키고 정권의 핵심 기능을 맡게 했습니다. 규장각은 정조 때의 문예부흥의 산실이었던 것입니다.

# 출세의 길, 등용문 설화

부용정 연못 가장자리를 쌓아올린 장대석 중 남쪽 모퉁이 맨 윗돌에는 지금 막 물 위로 힘차게 솟구치는 잉어 조각이 있습니다. 이 물고기 조각의 의미는 '어변성룡(魚變成龍)' 고사를 해석해 읽어야 합니다. 중국 황하 상류의 용문 협곡에는 해마다 이곳의 거센 물결을 거슬러 뛰어오르는 잉어떼가 있는데, 그중 협곡의 물살을 뛰어넘은 물고기는 용으로 변한다는 전설에서 유래한 이야기입니다. 물고기가 용문 협곡의 물살

연못 남쪽 모퉁이에서 바라본 부용정

잉어 조각상

을 '거슬러 뛰어오르다(용문에 오르다)'라는 '등용문(登龍門)' 설화입니다. 요즘 명문대학에 입학하기 위해서 다니는 입시학원의 이름으로 더 잘 알려진 등용문은 바로 물고기가 성공하여 용으로 변신한다는 설화에서 출발했습니다. 그런데 규장각에 오르는 문의 이름이 또 물고기문[魚水門] 이로군요.

　주합루와 규장각 일대에는 글공부하는 선비가 과거 급제하여 벼슬을 얻고, 임금께 나아가 신하로서 입신출세하는 이야기로 연결이 되고 있습니다. 그런데 여기에는 또 하나의 숨은 그림을 찾아야만 이야기가 완성되는 묘미가 있습니다. 규장각 동쪽으로 널찍한 마당을 앞에 둔 집이 한 채 있으니 영화당입니다.

258

부용정 뒤편에서 바라본 영화당

영화당과 춘당대가 한눈에 보이는 지점입니다.

# 영화당과 춘당대

    규장각 동쪽에 있는 영화당(暎花堂)의 앞마당을 춘당대(春塘臺)라 부릅니다. 춘당대는 원래 서총대(瑞蔥臺)라고 불렀습니다. 이 명칭은 성종 때 이곳에서 한 줄기에 아홉 잎의 파가 나와 서총이라 한 것을 연산군이 여기에 돌을 쌓아 배양한 데서 유래한 것입니다. 지금은 창경궁과 경계 짓는 담장이 그 앞을 막고 있지만, 원래는 담장 같은 것은 있지도 않았던 아주 큰 마당으로 옛날 군사훈련을 시범하거나 왕께서 그 지휘훈련

영화당

을 열무(閱武)하던 공간입니다.

영화당 마당에서 치러지던 중요한 행사로 왕께서 친림(親臨)하여 치르는 과거시험, 전시(殿試)를 빼놓고는 이 등용문 설화를 마무리 지을 수 없습니다. 춘당대에서 유생들이 과거시험을 보면 왕이 영화당에 친림하여 이 시험을 참관했다고 합니다. '영화시사(暎花試士)'는 후원의 열 가지 경치를 이르는 ✿'상림십경(上林十景)' 중의 하나입니다. 상림십경은 정조가 읊은 칠언절구로 정조의 문집인 《홍재전서弘齋全書》에 전합니다. 여러분께서도 이번 후원을 관람하는 동안 정조 임금과 함께 상림십경을 즐겨보시기 바랍니다.

그리고 우리는 이곳 영화당에서 또 한 사람의 반가운 주인공을 만날 수 있습니다. 바로 소설 《춘향전》의 이몽룡이 과거시험을 치르던 장소가 춘당대(春塘臺)입니다. 완판본 〈열녀춘향수절가〉에 이몽룡이 과거를 치르는 대목이 이렇게 묘사되어 있습니다.

영화당과 월대

"…이때 한양성 도련님은 주야로 시서백가어를 숙독하였으니 글로는 이백이요 글씨는 왕희지라. 국가에 경사 있어 태평과를 보이실 새 서책을 품에 품고 장중에 들어가 좌우를 둘러보니 일시에 숙배한다. 대제학 택출하여 어제를 내리시니 도승지 모서내어 홍장(紅帳) 위에 걸어 놓으니 글제에 하였으되, '춘당춘색이 고금동(春堂春色古今同)이라.'

뚜렷이 걸었거늘 이도령 글제를 살펴보니 익히 보던 배라. 시지(試紙)를 펼쳐 놓고 해제(解題)를 생각하여 용지연(龍池硯)에 먹을 갈아 당황모 무심필을 반중동 덤벅 풀어 왕희지 필법으로 조맹부 체(體)를 받아 일필휘지(一筆揮之) 선장하니…(중략)…상시관이 이 글을 보고 자자(字字)이 비점이요 구구(句句)이 관주로다. 용사비등(龍蛇飛騰)하고 평사낙안이라 금세의 대재(大才)로

다. 금방의 이름을 불러 어주삼배(御酒三盃) 권하신 후 장원급제 휘장이라. 신래(新來)의 진퇴(進退)를 나올 적에 머리에는 어사화요 몸에는 앵삼이라. 허리에는 학대로다. 삼일(三日) 유가한 연후에 산소에 소분하고 전하께 숙배하니 전하께옵서 친히 불러 보신 후에…."

이와 같이 춘당대시는 별시의 일종으로 임금이 직접 고사장에 친림하는 전시(殿試)였습니다. 왕실에 경사가 있거나 유생(儒生)을 시험하기 위해 부정기적으로 실시하던 문무과(文武科)로, 1572년(선조 3년) 선조가 창덕궁 후원의 춘당대에 친림하여 치르게 한 데서 비롯되었습니다. 이 시험만으로 대과(大科) 3단계 시험의 마지막 단계인 전시(殿試)를 보는 것과 같은 혜택을 주었습니다.

《춘향전》의 묘사는 1년여의 짧은 공부 끝에 한 번에 장원급제를 한 이몽룡의 출세를 극적으로 그리고 있어 꾸며낸 이야기의 한 대목으로만 이해해야 하는 과장성을 보여주고 있습니다. 그러나 이렇듯 이야기 속에도 등장을 할 만큼 춘당대는 그 당시 글공부를 하는 선비라면 누구나 한 번쯤 춘당대시를 통한 장원급제를 꿈꾸어보았을 등용문의 현장임을 알 수가 있습니다. 그리고 우리는 이 규장각과 영화당 일대에서 나라에 등용되어 출세를 꿈꾸던 선비들의 이야기를 만나보았습니다.

영화당 앞에 설치된 해시계

영화당 내부에서 바라본 춘당대



정조가 25세의 나이로 할아버지 영조의 뒤를 이어 국왕이 되었을 때 그의 권력 기반은 매우 취약했다. 국왕의 개혁정치를 측근에서 뒷받침할 만한 정치 세력이 아직 형성되지 않은 상황이었다. 이를 타개하기 위하여 정조는 친위 세력의 양성을 계획했는데, 문반의 관리는 규장각의 초계문신제도, 무반의 관리는 선전관제도와 장용영의 육성을 통해 해결했다.

초계문신제(抄啓文臣制)란 37세 미만의 문과에 합격한 초급 관리들 중에서 학문적 재능이 있는 사람들을 선별하여 교육시켜서 40세가 되면 졸업시키는 일종의 공무원 재교육 프로그램이었다. 초계문신에 선발된 관리들은 다양한 혜택을 받았지만 그들의 교육과정은 매우 엄격했다. 규장각에서는 이들에게 매월 두 차례의 시험을 실시해 연말에 그 성적을 합산하여 상과 벌을 내리는 제도를 시행했다. 시험은 일정 기간 동안 유교 경전과 역사서를 학습하고 규장각 관리가 주관하는 두 과목의 시험(경전 읽기, 문장 짓기)과 정조가 주관하는 한 가지 시험(문장 짓기)을 보았다. 이때 정조가 주관한 시험은 문제의 출제에서 채점까지 국왕이 직접 관리했다.

초계문신은 정조 5년(1781년)에 20명이 선발된 이후 정조 때에만 총 11차례에 걸쳐 142명이 선발되었다. 그중에 이름이 알려진 초계문신으로는 정약용(1789년 선발), 정약전(1790년 선발), 그리고 19세기 세도정치의 장을 열었던 김조순(1786년 선발)이 있다. 정조는 정약전과 정약용 형제를 일컬어 형만한 아우가 없다고 정약전의 학문을 칭찬했다. 초계문신은 정조가 집중적으로 육성한 인재로 당대의 학문과 현실 정치에 나타나는 각종 문제점을 연구하고 대책을 마련했다. 이들은 정조가 추진한 개혁정치의 핵심세력으로 활동했는데, 정조가 주도한 규장각의 재교육시스템을 통해 학문과 실무적 능력을 겸비하도록 훈련받았기에 가능한 일이었다.

"비선생물입(非先生勿入), 견래객불기(見來客不起) : 선생이 아니면 들어오지 말고, 손님이 오는 것을 보더라도 일어서지 말라."

정조는 규장각에 이 두 글귀를 걸어두고 글공부하는 인재들이 공부에 방해받지 않고 전념할 수 있도록 배려했다.

영화당 마루에서 부용지의 봄이 오기를 손꼽아 기다려봅니다.

영화당에 앉아 바라본 부용정의 봄

규장각 서쪽의 서향각(書香閣)은 진전(眞殿)으로 한때 국왕의 어진을 모셨던 곳입니다. 때로는 서고로 사용하고 책의 습기를 말리는 포쇄 작업도 했습니다. 서향각 안쪽에는 친잠권민(親蠶勸民), 그리고 앞쪽에 어친잠실(御親蠶室)이라는 현판이 걸려 있는데, 정조 1년(1777)과 일제강점기에 순종비가 이곳에서 친잠을 했다는 기록이 있습니다. 친잠례는 왕비께서 직접 아녀자들의 노고를 체험하고 양잠을 장려하기 위해 내외명부를 거느

'서향각', '친잠권민', '어친잠실' 현판

리고 시행하던 국가적 의식이었습니다. 이러한 이유로 궐 안에 뽕나무를 여럿 심었는데, 애련정 연못에서 존덕정으로 가는 길에 천연기념물로 지정된 400년 수령의 뽕나무가 있습니다. 그리고 또 〈동궐도〉에는 영화당 앞 춘당지 옆에 왕이 농사를 장려하고 백성들의 노고를 알기 위해 친농을 하던 권농(勸農) 터가 그려져 있습니다.

서향각 위쪽 언덕에 작고 소박한 백골집, 희우정(喜雨亭)이 있습니다. '희우(喜雨)'는 '기쁜 비가 내렸다'는 뜻입니다. 원래 인조 때 지어진 초가 정자로 '취향정'이라고 불렀습니다. 숙종 16년(1690) 여름에 오래도록 가뭄이 들어 대신을 보내 이곳에서 기우제를 지내게 했는데, 곧바로 흡족한 비가 내렸답니다. 숙종이 이를 기뻐한 나머지 초당을 기와지붕으로 바꾸고 이름도 희우정으로 고쳤습니다. 이곳 희우정에서 부용지

희우정

의 연꽃을 감상하는 '희우상련(喜雨賞蓮)'은 상림십경(上林十景) 중 하나입니다. 서편에 아담한 담장을 두르고 있는 희우정은 어느 곳에서 보아도 사계절 모두 감탄을 자아낼 만큼 아름다운 곳입니다.

희우정과 어깨를 나란히 한 위치, 주합루 동북쪽 언덕 위에 제월광풍관(霽月光風觀)이 있습니다. 이 건물의 본 이름은 천석정(千石亭)으로 제월광풍관은 누각에 건 현판입니다. 《동국여지비고》에 "천석정이 그 동쪽(주합루)에 있으며, 작은 누각이 있는데 제월광풍루(霽月光風樓)라고 현판을 걸었다"라고 적고 있습니다. '제월광풍(霽月光風)'은 '비 갠 뒤의 밝은 달빛과 맑은 바람'이라는 뜻으로 흔히 광풍제월(光風霽月)이라고 더 많이 일컬어집니다. '관(觀)'은 '누각'이라는 뜻이며, 흔히 누관(樓觀)이라고 하여 전망이 좋은 곳에 있는 누각을 의미합니다.

제월광풍관

눈 쌓인 희우정

12

애련정 가을에 물들다

곱게 물든 가을 단풍이 가장 아름다운 애련지입니다.

# 불로문과 애련정

불로문(不老門)은 금마문 옆 담장에 위치한 돌문입니다. '불로(不老)'는 '늙지 않는다'는 의미입니다. 십장생 중 하나인 돌로 만든 불로문은 도교적 영향의 신선사상을 담고 있습니다. 이 문 안에 들어서는 사람들이 늙지 않고 오래도록 살라는 축원을 담았습니다. 한 장의 판돌을 쪼아 '冂' 자 모양의 문을 만들어 애련지 일원에 세웠습니다.

불로문과 애련정

하나의 판석을 쪼아 불로문을 만들었습니다.

애련정의 가을

불로문 안쪽으로 들어서서 연경당 가는 길 북쪽의 큰 연못가에 언덕을 배경으로 애련정(愛蓮亭)이 있습니다. '애련(愛蓮)'은 '연꽃을 사랑한다'는 의미입니다. 송나라 때 염계(濂溪) 주돈이(周敦頤)가 연꽃을 사랑하는 마음을 글로 쓴 〈애련설愛蓮說〉이 유명합니다. 《궁궐지》에 따르면 숙종 18년(1692) 연못 가운데에 섬을 쌓고 정자를 지어 애련정이라고 이름 붙였다고 합니다. 숙종이 지은 ✿〈애련정기愛蓮亭記〉에도 연못 가운데에 지었다고 기록되어 있는데, 지금의 애련정은 연못가에 있습니다. 지금의 애련정을 나중에 다시 지은 것으로 보아야 하겠지요. 네 개의 기둥

애련정의 낙양각 사이로 내다보이는 의두합 풍경

중 두 개가 연못에 잠겨 건물의 반은 물 위에, 반은 축대에 걸쳐 있습니다. 이곳에서 기오헌(寄傲軒) 쪽을 바라보는 풍경은 애련정 기둥의 낙양각에 담겨 한 폭의 멋진 그림을 감상하는 멋을 느끼게 합니다.

✿ 숙종의 〈애련정기〉 : 연꽃은 더러운 곳에 있으면서도 변하지 않고, 우뚝 서서 치우치지 아니하며 지조가 굳고 맑고 깨끗하여 군자의 덕을 지녔기 때문에, 이러한 연꽃을 사랑하여 새 정자의 이름을 '애련정'이라고 지었다.

278

애련지의 가을 느티나무

애련정의 연지에는 경주의 안압지 방식
을 도입하여 물을 끌어들이고 있습니다. 한
장의 넓은 판석에 얕은 홈을 파서 그 도랑
으로 물을 연지로 유입하고 있어 그 운치가
더욱 높습니다.

그리고 연지 북서쪽 기단에는 태액(太液)
이라 새겨져 있습니다. '태액'은 '큰물'을 뜻
합니다. 요즈음에는 일반적으로 정자가 있
는 연지의 이름을 따로 짓지 않고 그곳에
딸린 정자의 이름을 따서 부용지·애련지
등으로 부르는데, 원래 '큰물'이 고이는 연
지를 태액으로 불렀을 것으로 여겨집니다.

하나의 판석에 홈을 파서 물을 연지로 끌어들이고 있다.

애련정의 판석

연지 북서쪽 기단에 새겨져 있는 '태액'

280

어수당 터 옆의 연지

애련정 연지 서쪽으로 작은 연못이 또 하나 있고 그 옆에 빈터가 있
는데, 어수당(魚水堂)이 있던 자리로 집은 없어지고 그 연못만 남았습니
다. 애련정과 연경당 일대는 가을 단풍이 가장 고운 곳입니다. 달빛 밝
은 밤 애련정에 앉아 대금소리에 실려 오는 바람을 내 마음에 그려보시
기 바랍니다.

애련정의 겨울 정경은 쓸쓸함마저 아름답습니다.

눈 속에 더욱 붉은 애련정의 겨울 단풍

원래 금마문(金馬門)은 중국 한나라 때 미앙궁(未央宮) 안에 있던 문 이름으로 문 옆에 동(銅)으로 만든 말이 있었다고 합니다. 그리고 금마는 한나라 때 국가에서 책을 보관하던 곳의 이름이기도 했습니다. 이 금마문을 지나면 효명세자의 독서당인 기오헌(寄傲軒)이 보입니다(〈동궐도〉에는 '이안재易安齋'로 표기되어 있다). 기오헌에 많은 책을 비치함으로써 한나라의 전통에 따라 금마문 이름을 붙인 것으로 보입니다.

금마문

기오헌

《궁궐지》에 의두합(倚斗閤)은 영화당 북쪽에 있는데 옛날 글 읽던 자리라고 했습니다. '의두(倚斗)'는 '북두성에 의거한다'는 뜻입니다. 여기서 북두성은 바로 효명세자(孝明世子, 1807~1830)가 닮고 싶었던 할아버지 정조를 가리킵니다. 효명세자는 할아버지인 정조의 뜻을 이어 왕권을 강화하고 세도정치를 타파하고 이상 정치를 실현하려 했습니다. 의두합이 뒤편의 규장각에 기대어 지은 집으로 그 지형적인 선택에서도 효명세자의 의도를 읽을 수 있습니다.

효명세자는 순조의 장남으로 총명하고 인품이 빼어나서 19세부터 대리청정을 펼쳐 뛰어난 군주의 자질을 보였으나 안타깝게도 22세에 절명했습니다. 효명세자는 아들 헌종이 즉위한 후 익종(翼宗)으로 추존되

애련지 영역에서 바라본 의두합

었습니다. 효명세자는 대리청정 기간 동안 왕실의 권위와 전통을 내세우기 위해 조선의 예악(禮樂)을 정립했습니다. 지금도 궁중 무용으로 유명한 '춘앵전'(春鶯囀 : 꾀꼬리를 상징하는 노란색 옷을 입고 화문석 위에서 추는 독무)은 바로 효명세자가 창작한 노래와 무용입니다.

곱기도 하구나 달 아래 걸어가는 그 모습
비단 옷소매는 춤을 추듯 바람에 가벼이 날리도다.

그는 또 고구려와 신라의 춤을 복원하는 등 한국사를 통틀어 예악에 있어서는 세종대왕에 버금가는 업적을 남겼습니다. 그리고 창덕궁과 창경궁을 그린 〈동궐도〉는 그 제작 연대(1824~1830년)의 추정으로 보아

286

기오헌 현판

궁궐에서 가장 작은 1칸짜리 건물 운경거

아마도 효명세자가 대리청정을 할 시기에 그의 주관으로 제작되었을 것으로 짐작됩니다. 이렇듯 총명하고 뛰어난 군주의 면모를 갖추었던 효명세자는 죽은 후에야 추존에 의해 왕이 되었지만, 그의 대리청정 3년은 조선을 희망에 부풀게 하기에 충분한 시간이었습니다. 너무나도 일찍 져버린 꽃이었으나, 그 향기만은 누구라도 돌아보게 할 만큼 찬란하지 않았나 생각합니다.

의두합 동쪽 누마루는 영춘루(迎春樓)라고 했습니다. 지금은 이 집에 '기오헌'이라는 현판이 달려 있는데, 의두합의 동루를 영춘루라고 했을 때 기오헌은 의두합의 서헌으로 대청에 해당합니다. '기오(寄傲)'는 '거침없이 호방한 마음을 기탁한다'는 뜻입니다. 기오헌이라는 집 이름은 송나라 시인 도연명(陶淵明, 365~427)의 〈귀거래사歸去來辭〉의 한 구절에서 따온 것으로 "남쪽 창에 기대어 멋대로 오만을 부려 보니 무릎이 겨우 들어갈 만한 작은 집일지라도 평안하기만 하네(埼南窓以寄傲審容膝之而安)"라는 뜻에서 집의 명칭을 취했습니다. 원래 이름인 의두합과 서로 기상이 통하는 이름입니다. 그리고 의두합 서편에 있는 1칸짜리 작은 집은 의두합의 부속건물로 운경거(韻磬居)입니다.

'초연대'(오른쪽)와 '추성대'(왼쪽)가 새겨진 기오헌 뒤쪽 축대

　　기오헌 뒤의 급경사지에는 여러 층의 석축과 규장각으로 통하는 계단이 있습니다. 기오헌 뒤쪽 축대에 새긴 초연대(超然臺)와 나란히 추성대(秋聲臺)라는 글씨가 새겨져 있습니다. '초연(超然)'은 세속을 초월한 모양, 또는 아득히 먼 모양을 뜻합니다. 《노자老子》에 이르기를 '비록 영화로운 생활을 누리더라도 한가하게 처하여 초연하게 지낸다'라고 했습니다. '추성(秋聲)'은 '가을에 들을 수 있는 자연의 소리'라는 뜻으로 바람소리, 낙엽 지는 소리, 벌레 소리 등을 말합니다. 나란히 짝이 되는 초연대와 연관시켜 풍성하고 아름다운 가을 경치 속에서 듣는 운치 있는 자연의 소리로 풀이해볼 수 있습니다. 이곳의 아름다움을 읊은 효명세자가 지은 〈의두합십경시倚斗閤十景詩〉가 전하고 있습니다.

가을색으로 단청을 올린 운경거 서편 담장의 작은 문

13

연경당, 진연을 베풀다

어수당 터에서 바라본 연경당 소양문의 가을

# 신선이 되어 연경당에 들다

연경당(演慶堂)은 효명세자가 순조 28년(1828) 아버지 순조의 40세 생신에 존호를 올리며 의례를 행하기 위하여 진연처로 창건했습니다. '연경(演慶)'은 '경사가 널리 퍼진다'는 뜻입니다. 순조 28년 11월 효명세자가 직접 아버지 순조에게 사순연(四旬宴)을 열 것을 주청하였고, 순조의 허락을 받은 세자는 곧바로 진찬소를 설치하여 연회를 주관했습니다. 사순연은 아버지 순조의 40세 생신과 즉위 30주년을 함께 기념하는 연

장락문

연경당 서쪽 담장 밑으로 흐르는 물길은 어수당 터로 흘러들어간다.

회로서 여러모로 의미 있는 행사였습니다.

연경당의 대문은 솟을대문이고 '장락문(長樂門)'이라는 편액이 달렸습니다. 연경당의 정문인 장락문은 낙선재의 장락문과 같은 이름이네요. 연경당으로 들어가기 전에 장락문 대문 앞에는 괴석을 담은 석분을 놓았는데, 석분의 네 모서리에 두꺼비를 조각해 놓았습니다. 두꺼비는 월궁 항아의 상징으로 이곳이 신선이 사는 선경(仙境)임을 암시하고 있습니다.

눈을 돌려 발아래를 내려다보면 연경당 서쪽 바깥 담장 밑으로 흐르는 물은 대문 앞을 지나 어수당 터 연지로 흘러듭니다. 담장은 물길을 막지 않고 물은 담장 안을 잠깐 들어왔다가 지나갑니다. 담양의 소쇄원

장락문 앞의 괴석

괴석 네 모서리에 조각된 두꺼비

연경당 앞 괴석 석분의 강아지 조각

에서도 볼 수 있던 서로 소통하는 의연한 자연입니다. 옛사람은 집을 지으면서 물길을 거스르지 않았습니다. 장락문으로 들어서기 위해서는 문 앞의 명당수를 건너야 합니다. 사람들은 이 물을 '은하수'라 하고, 그 위에 놓인 돌다리는 '오작교'라 부릅니다. 모두 이곳이 신선세계임을 암시하는 장치들입니다.

이곳 연경당은 궁궐 안에 있는 민가 형식의 집으로 단청을 올리지 않은 백골집입니다. 사대부의 99칸 집을 모방하여 지은 집이라고 하지만 실제로는 120칸 규모입니다. 임금이 사대부가의 생활을 알기 위해 지은 곳입니다. 순조는 이곳에 올 때 평복으로 갈아입고 왔다고 합니다. 그러나 연경당을 지은 후 순조가 이 집에서 거처하게 된 실상은 집권 내내 계속된 외척의 세도정치에 시달린 마음을 쉬기 위한 피신이었습니다. 이후 연경당은 1884년 갑신정변 때 청군에게 쫓기던 개화파와 고종의 피신처가 되었고, 외국 공사들을 접견하고 연회를 베푸는 등 정치적인 목적으로도

장락문을 들어서면 좌우로 행랑채와 헛간, 마구간이 보인다.

사용되었습니다. 1917년 창덕궁 내전 화재 때에는 순종과 윤황후의 거처로 사용되기도 했습니다.

장락문으로 들어서면 좌우로 행랑채와 헛간이 있고, 그 옆에 마구간과 하인들이 사용하던 측간도 있습니다. 문 안으로 두 개의 중문이 있는데, 동쪽에는 사랑채로 통하는 장양문(長陽門), 서쪽에는 안채로 통하는 수인문(脩仁門)입니다. 장양문은 솟을대문으로 안채로 들어가는 수인문보다 높습니다. 솟을대문은 종2품 이상의 사대부가 초헌을 타고 드나들 수 있도록 행랑채의 지붕보다 높이 솟아오르게 지은 문입니다. 평대문인 수인문 앞에는 큰 나무가 한 그루 있는데 옛사람들은 문 안에 나무를 심을 때 한가운데를 비켜서 심었습니다. 이를 정심수라 불렀는데,

296

왼쪽 수인문으로는 여성들이, 오른쪽 솟을대문 장양문으로는 남성들이 출입했다.

정료대

늘 마음가짐을 정갈히 하려는 의미가 담겨 있습니다. 문이나 담장 안의 한 가운데에 나무(木)를 심으면 한가할 '한(閑)'이나 곤할 '곤(困)'의 형상이 되어서 불길한 의미를 만들게 되므로 이를 피했던 듯합니다. 실제로도 집 앞 문 한가운데에 나무를 심어 좋을 게 없지요. 집 울안 앞쪽으로 그늘을 만드는 큰 나무는 예로부터 꺼려 왔습니다. 장양문 앞에 놓인 두 개의 받침돌은 '정료대'라고 하여 솔가지를 얹어 태우거나 등롱을 놓아 불을 밝히는 조명대로 사용했다고 합니다.

장양문으로 들어서면 내외담으로 나누어진 연경당 앞마당에 서게 됩니다.

연경당은 본디 사랑채의 당호였습니다. 사랑채는 대청을 중심으로 사랑방과 누마루로 나뉘어져 있습니다. 사랑방은 이 집 바깥주인의 거처로 찾아오는 손님을 맞이하고 또 문객과 더불어 시정을 논하고 여러 가지 이야기를 나누던, 당시 사대부들의 사교의 장이었습니다.

사랑채 마당 서쪽으로 나지막한 담장이 사랑채와 안채를 구분을 짓고 있습니다. 그러나 발꿈치를 약간 세우면 안채의 풍경이 설핏 보이는 내외담입니다. 남녀의 공간을 엄격히 구분하였던 조선시대 유교적인

연경당

연경당 대청

개념에서 이 담장이 필요했겠지만 그 엄격한 개념의 중간에 살짝 걸쳐지는 듯한 정겨운 담장입니다.

사랑채 연경당과 안채를 구분하는 담장 끝에는 작은 쪽문이 있어서 이 문을 통하여 사랑채에 든 손님들의 신발이 댓돌에 놓인 것을 살피고 안채에서 다과를 준비했겠

연경당 현판

지요. 그리고 사랑채 앞의 노둣돌은 말이나 가마에서 내릴 때 발을 딛는 받침돌입니다.

작은 쪽문

안채에서 바라본 내외담

　사랑채 오른쪽에 위치한 안채는 안주인의 생활공간입니다. 사랑채와의 사이에 담장이 있어 별개의 건물처럼 보이지만, 실제로는 그 내부가 사랑채와 연결되어 하나로 통하는 건물입니다. 안채의 서쪽으로 가서서 보시겠어요. 열려진 방문들 사이로 바라다보면 일직선으로 연결된 안채와 사랑채의 내부 구조가 또 다른 아름다움을 드러내줍니다.

　안채 뒤 북쪽 담장에는 통벽문(通碧門)이 있고, 그 문 너머로 안채에 딸린 부엌 반빗간이 있습니다. 반빗간은 부엌, 광, 마루, 온돌방으로 구성되어 있어서 찬모나 여자 하인들이 음식을 장만하거나 바느질, 세탁 등 집안의 허드렛일을 하던 공간입니다.

안채와 사랑채가 연결되어 있는 연경당 내부

사랑채와 안채 내부는 하나로 연결되어 있다.

연경당 문을 통해서 본 굴뚝과 담장 밖 겨울 숲

수인문으로 들어서면 연경당 안채로 통합니다.

가을빛으로 물든 연경당 안채

눈 내리는 날의 연경당 안채

반빗간 눈 쌓인 지붕 위의 겨울 단풍

안채에서 북쪽 담장의 통벽문과 반빗간이 내다보인다.

통벽문과 반빗간

# 선향재와 농수정

연경당 동쪽 행각은 '맑은 물이 두르고 있어 학문을 논하기 좋다'는 의미의 청수정사(淸水精舍)입니다. 문인 묵객들이 와서 머물던 공간으로 추정됩니다. 그리고 사랑채 동쪽의 선향재(善香齋)는 문인을 접대하던 서재입니다. 옛날 세도가에는 사랑채에 문객들이 끊이지 않았고, 며칠씩 묵어가기도 하는 문객들을 위한 공간이 필요했습니다. '선향(善香)'이란 '독서의 향기'를 말합니다. 서향 집이었으므로 석양빛을 가리기 위해

청수정사

선향재의 인갑문 차양

선향재 측면 벽의 태평화

맞배지붕의 처마 앞쪽으로 동판으로 만든 인갑문 차양을 덧대었습니다. 그리고 그 아래에는 삼끈과 고패로 기울기를 조절할 수 있는 이중 차양을 설치했습니다.

선향재 지붕 북쪽 추녀 끄트머리에 놓인 망와를 보면 팔괘 중 감괘 (坎 ☵)가 새겨져 있습니다. 감괘는 지붕 모서리마다 모두 여섯 곳에 설치되었는데 '물(水)'을 상징합니다. 이 집이 이미 물에 잠겨 있는 집이므로 화재가 일어나도 불에 타지 않는다는 벽사의 의미를 담은 장치입니다. 그리고 선향재 양면 벽체를 보면 적벽돌로 온담을 밋밋하게 마감했는데, 이런 마감 방식은 청나라 건축의

농수정

영향을 받은 것입니다. 벽체의 꽃담으로 수놓은 태평화(太平花)는 정면형으로 도안된 연꽃 문양 비슷한 꽃무늬인데, 네 잎 혹은 여섯 잎으로 된 꽃에 풀잎이 장식되었습니다. 태평화는 '태평세계'를 뜻하는 것이며, 잘 다스려진 안락한 세계를 상징합니다.

선향재 뒤편의 화계, 제일 높은 곳에는 농수정(濃繡亭)이 있습니다. '농수(濃繡)'란 '짙은 빛으로 수를 놓는다'는 뜻으로 연경당 깊숙이 자리 잡고 있어서 늘 녹음에 삼싸여 있는 아름다움을 그린 말입니다. 농수정 옆 태일문(太一門)은 후원으로 통하는 문입니다. 태일문을 나서면 연경당 담장 밖으로 후원으로 가는 오솔길이 나오고, 조금 걸으면 바로 승재정이 보입니다.

태일문을 나와 언덕 위에서 바라본 녹음에 싸인 농수정

선향재 툇마루에 앉아 숲속 소리를 들으며 잠시 여유를 즐겨보세요.

# 달빛 밟기

　당신께서 신선이 되어보고 싶다면 창덕궁 달빛기행에 참여해보시는 것은 어떨지요? 청사초롱 들고 달빛을 따라 낙선재에 이르러 하늘의 달을 마음에 지니고 싶었던 옛사람들이 만든 만월문 문지방을 넘어 봅니다. 길게 이어지는 단풍나무 아래 후원으로 가는 길을 걸어 부용정과 규장각에 당도하니 하늘에 휘영청 걸린 달빛은 수줍어 구름 사이로 숨으려 하네요. 그리고 불로문 지나 연경당에 들어서 달빛을 타고 흐르는 우리 가락에 심취해 보는 낭만은 창덕궁을 찾는 사람만이 누릴 수 있는 축복입니다.

　궁궐의 밤은 낮 동안 보여주던 모습과는 또 다른 고즈넉한 세계입니다. 소쩍새 울음소리, 물소리, 소소한 바람소리, 그리고 우리들의 자박자박 발자국 소리를 들으며 밤길을 걸어볼까요? 어슴푸레 보이는 지붕의 추녀 끝에 보태지는 나무 그림자는 모노톤의 풍경으로 당신의 마음 속 깊이 스며들겠지요. 그리고 후원에 자리 잡은 연경당 선향재에서 듣는 정아한 대금 가락은 찬 밤공기를 가르며 하늘로 흩어져 나뭇가지에 걸리고 달빛에 이르더이다. 비 갠 날 창덕궁 후원 숲길에서 휘영청 밝은 달빛 밟기를 한 후에야 비로소 정조 임금의 청심제월(淸心霽月)을 떠올릴 수 있지 않겠습니까?

달빛기행을 밝히는 청사초롱

연경당을 둘러본 후 태일문을 나서면 후원으로 가는 오솔길이 나옵니다.

# 14 존덕정

## 황금빛이 유혹하다

녹음이 짙게 드리워진 북쪽 연지

이제 본격적으로 후원의 깊숙한 곳으로 들어가려고 합니다. 존덕정
(尊德亭)에 이르는 길은 두 군데가 있는데, 애련정 쪽에서 불로문을 거치
지 않고 바로 옥류천 방향으로 가거나 연경당 사랑채에서 태일문을 나
와 가는 길이 있습니다. 시간 여유가 있다면 태일문으로 통과하는 게
더 운치 있고 좋습니다. 태일문 밖 언덕에서는 연경당을 되돌아볼 수
있거든요. 내가 둘러본 집을 집 밖에서 내려다보는 경치는 색다른 느낌

존덕정의 겨울

존덕정의 작은 돌다리와 석조물

을 주지요. 언덕을 내려오면서 승재정, 관람정, 폄우사, 존덕정이 차례
로 눈에 들어옵니다.

　언덕 길을 내려와 먼저 존덕정 앞에 서봅니다. 존덕정은 인조 22년
(1644)에 지었습니다. 육각으로 되어 있어서 처음에는 육면정(六面亭)으로
부르다가 뒤에 존덕정으로 고쳤습니다. 지붕은 두 겹으로 아래쪽에 '눈
썹' 지붕을 사뿐히 올리고 꼭대기에 절병통을 얹었습니다. 마루도 두
벌 기둥이 받치고 바깥 퇴를 두어 있어 이 정자의 격이 만만치 않음을
보여줍니다. 그리고 존덕정 앞에 작은 돌다리가 있습니다. 애련정을 지
나 반도지를 향해 온다면 이 돌다리를 건너겠지요. 예전에는 다리의 남
쪽에 일영대(日影臺)를 두어 시각을 쟀다는 기록이 있습니다. 아마 지금

320

존덕정의 두 겹 지붕

존덕정 천장의 쌍룡

정조의 '만천명월주인옹자서'

다리 앞에 세워놓은 돌받침대가 일영대일지도 모르겠습니다. 조각 기법이 뛰어난 매우 아름다운 석조물입니다.

이제 정자 안쪽을 살펴볼까요. 존덕정의 천정 내부에는 청룡과 황룡이 어우러져 있어 이 정자의 격을 짐작할 수 있고, 북쪽 창방에는 정조가 쓴 글이 걸려 있습니다. 글의 제목은 '만천명월주인옹자서(萬川明月主人翁自序)'로 이 글의 내용은 '만개의 개울이 달빛을 받아 빛나고 있지만 하늘에 있는 달은 오직 하나이다'라는 뜻입니다. 정조 자신을 달에 비유하여 달빛이 만개의 개울을 고루고루 비추듯 만백성을 보살피겠다는 애민사상과 '하늘의 달이 하나이듯 임금도 오로지 정조 자신 하나뿐이니, 이에 대한 도전은 결코 용서할 수 없다'는 강력한 왕권을 주장한 개혁 군주로서의 정치관을 읽을 수 있습니다.

정조는 그의 신하들을 향하여 말합니다.

"나의 뜻에 따르는 것이 태극과 음양오행에 합당한 일이며 우주의 원리를
거스르지 않는 일이다."

존덕정에 딸린 연못은 반월지(半月池)라 부릅니다. 정자 북쪽에 있는데 밑
에서 솟는 물이 너무 차서 연이 자라지를 못한다고 하네요. 이런 현상이 혹
강력한 개혁 군주 정조를 함부로 넘볼 수 없었던 관리들과의 관계를 상징적
으로 보여주는 것은 아닐까 하는 싱거운 생각을 해봅니다.

그러한 정조의 일면을 보여주는 증거로 2009년 2월에 심환지와 정조
가 나누었던 비밀편지 모음인 어찰첩(御札帖)이 발굴, 공개되었습니다.
이를 통해 밝혀진 새로운 사실은 정조와 노론 벽파(僻派)의 거두로 정조
와는 정치적으로 대립한 것으로 알려져 왔던 심환지의 관계는 우리가

황금빛 은행잎이 반월지를 노랗게 물들이고 있다.

그동안 전혀 예상치 못한 것이었습니다. 표면적으로는 심환지와 대립했으나 어찰첩 자료에 의하면, 정조는 각종 현안이 있을 때마다 비밀편지로 심환지와 미리 상의했으며, 때로는 서로 '각본'을 짜고 정책을 추진할 정도로 측근으로 중용한 것으로 드러났습니다. 이렇듯 정조는 그동안 우리가 짐작해 왔던 것보다 훨씬 치밀하고 능동적이며, 때로는 의도적으로 과격한 표현까지 서슴지 않았던 강인한 군주로서의 면모를 '만천명월주인옹자서'를 통해 보여주고 있습니다.

존덕정의 여름

존덕정의 낙양각 사이로 녹음이 우거졌습니다.

존덕정 옆 언덕에 폄우사(砭愚榭)가 있는데, 집의 이름은 '어리석음을 경계하다'라는 의미입니다. 효명세자가 독서처로 삼았던 곳입니다. 폄우사 앞에는 옛날 누군가 양반의 팔자걸음을 연습하던 판석이 있습니다. 이 돌판을 밟고 한 번 양반네의 팔자걸음을 걸어보는 것도 재미있는 퍼포먼스가 되겠는데, 잊지 말아야 할 것은 우리가 생각하는 것보다 훨씬 거들먹거리며 양팔을 홰치며 걸어야 팔자걸음의 자세가 나온다는 것입니다. 왜냐하면 옛날 사람들의 옷차림은 우선 소매가 매우 길고 또 옷을 겹겹이 껴입었기 때문에 양팔로 휘휘 크게 홰를 치면서 걷지 않으면 옷에 휘둘려서 걸음을 제대로 걸을 수가 없었다는 말이지요.

폄우사 현판

양반걸음을 위한 판석

폄우사 앞에 서서 어리석음과 욕심에 가득 찬 우리의 마음을 들여다본다면…

錦纜牙檣起白鷗
亭樂老

관람정(觀纜亭)은 부채꼴 모양의 정자로 순종 연간 1908년 무렵 마지막으로 편찬된 《궁궐지》에 의하면 관람정을 '선자정(扇子亭)'이라고 기록하고 있습니다. 1827년 무렵 제작된 〈동궐도東闕圖〉를 살펴보면 이곳 일대에는 땅을 상징하는 네모난 방지 두 개와 하늘을 상징하는 동그란 원지가 남북으로 나란히 있었습니다. 물론 관람정과 같은 정자는 찾아볼 수 없습니다. 그런데 1908년 무렵 순종 때 제작된 ✿〈동궐도형東闕圖形〉에 현재의 모습과 동일한 관람정과 호리병 모양의 연지가 그려져 있는 것을 확인할 수 있습니다. 이를 통해 볼 때 현재의 관람정과 반도지 일대는 고종 연간에 다시 조성되고 건립된 것으로 추측됩니다.

관람정의 형태는 매우 특이하게 부채꼴 모양의 평면으로 되어 있습니다. 지붕 선을 잡는 도리를 휘게 해서 마치 부채를 펼친 모양의 정자를 지었습니다. 부채꼴 모양을 한 관람정은 아직까지도 우리 전통건축

✿ 〈동궐도형〉: 근대식 지도 제작 기법으로 동궐(창덕궁·창경궁)을 그린 평면도이다. 1908년 무렵에 만들어진 것으로 추정하고 있다. 너비 1.2cm 정도의 격자 위에 각 건물들의 모양 및 크기를 비교적 정확하게 나타내고 있다. 〈동궐도〉(1827년경)와 견주어보면, 그동안 여러 건물이 없어지고 새로 지어졌음을 알 수 있다. 〈동궐도〉는 건물 생김새는 입체적으로 자세히 나타냈으나 위치가 부정확하고, 동궐도형에서는 건물 생김새는 알 수 없으나 위치와 방향을 정확히 알 수 있다. 이 두 지도를 함께 분석하여 창덕궁과 창경궁 원형 복원에 사용하고 있다.

양식에서 찾아볼 수 없는 유일한 형태로 건축학자들에게는 매우 귀중한 연구대상이 되기도 합니다. 관람정은 6개의 초석 위에 둥근 기둥을 세웠고, 그중 2개의 기둥이 반도지에 발을 담그고 있습니다. 정자에 붙어 있는 파초잎 모양의 현판도 재미있습니다.

파초잎 모양의 관람정 현판

관람정(觀纜亭 : 배의 닻을 내리고 경치를 보다)은 이름 그대로 마치 물가에 배의 닻을 내리고 물을 감상하는 풍류가 느껴지는 정자입니다. 연지의 잔잔한 물결을 보고 있노라면 혜원(蕙園) 신윤복(申潤福)의 풍속화 속의 뱃놀이 하는 선비들이 거문고 뜯는 음률이 들려오는 듯 합니다. 그리고 무엇보다 우리의 시선이 움직이는 대로 기둥 낙양가으로 들어오는 파노라마 같은

부채꼴 모양의 관람정

풍경은 탄성을 자아내게 합니다. 관람정은 이렇듯 눈과 마음으로 슬기기에 정말 아름다운 정자입니다.

관람정의 연지는 호리병 모양의 곡수지로 형성되어 있어 특이합니다. 이는 얼핏 한반도 모양을 뒤집어 놓은 것처럼 보여서 '반도지'라고

330

관람정 반도지에서 만난 한 쌍의 원앙

도 불립니다. 그런데 반도지의 모습을 그저 전통적인 정원 양식 중 특이한 예로만 바라보기에는 석연치 않은 부분이 더 많습니다. 우리의 전통적인 정원 양식에 곡수지가 없는 것은 아니지만 한반도 모양을 한 곡수지는 처음인데다가 무엇보다 한반도의 지형이 남북이 뒤집어진 형태로 되어 있어서 긍정적인 의미로 해석하기에는 뭔가 꺼림칙한 느낌을 떨쳐버릴 수가 없습니다. 대부분의 건축학자, 조경전문가, 역사학자들은 일제의 영향력이 증대되던 당시에 이곳 반도지와 관람정이 일제에 의해 어떤 의미로든 의도적으로 조성되었을 것으로 추정하고 있습니다. 그러나 아이러니컬하게도 이 지역의 풍광은 계절마다 아름다운 곳으로 많은 관람객들이 탄성을 자아내는 곳이기도 합니다.

관람정의 가을은 자연이 만들어내는 가장 아름다운 색을 보여줍니다.

눈 내리는 관람정의 겨울은 너무나 고즈넉합니다.

푸르른 신록에 감싸인 관람정을 바라봅니다.

관람정 기둥의 낙양각 사이로 들어온 여름

　관람정 건너편 언덕에는 승재정(勝在亭)이 있습니다. 승재정은 '경관이 빼어나다'라는 의미의 이름입니다. 연경당 북쪽 태일문을 지나 오른편으로 승재정을 끼고 아래쪽의 폄우사, 존덕정, 관람정을 보면서 걷는 숲속 길의 정취와 가을날 메마른 낙엽을 밟는 소리도 더할 수 없이 좋습니다. 나무가 우거진 높은 언덕 위에 자리 잡고 있어서 관람정 일대를 내려다볼 수 있는 곳으로 관람정 밑에서 승재정 쪽을 올려다보는 느낌과는 또 다른 풍광을 감상할 수 있습니다.

　승재정 앞의 괴석도 꽤 무게감 있는 조형미를 갖추고 있네요. 이 작은 소품과 어우러져 하나의 빼어난 경관을 만들어내는 정자의 격과 함께 이곳을 즐겨 찾았을 누군가의 안목을 짐작하게 합니다. 관람정이 물에 띄운 배의 형상이라면, 승재정은 높은 곳에서 물을 바라보는 정자입니다.

승재정의 괴석

태일문을 지나면 오른쪽 언덕 위에 가장 먼저 승재정이 눈에 들어온다.

관람정 낙양각 사이로 바라본 승재정

애련정을 지나 반도지 방향으로 걸으면서 모이는 풍경입니다.

옥류천으로 가기 전 연지에서 존덕정과 폄우사를 바라봅니다.

# 15 옥류천에서 풍류를 즐기다

옥류천으로 가는 한적한 숲길의 매력을 생각하며 걸어보세요.

　지난 1979년, 무분별한 공개와 관람으로 훼손된 창덕궁의 후원 옥류천(玉流川)이 긴 휴식년에 들어갔습니다. 창덕궁 후원의 생태계를 복원하기 위한 조처였지요. 이후 후원의 공개를 기다리는 많은 사람들의 바람으로 25년 동안 굳게 잠겨 있던 빗장을 풀고 2004년 5월 1일부터 특별 관람 방식으로 일반에게 공개되었습니다. 처음에는 인터넷 예약을 통해 17세 이상 성인에 한해 1회 50명 정도 하루 세 차례 특별 관람에 들어갔습니다. 그러나 창덕궁 관리소에서 특별히 보호하고 있는 어정(御井) 주변이 훼손돼 예약을 잠시 중단하지 않을 수 없었습니다. 처음에는 공개 한 달 만에 '보호냐, 공개냐?'라는 현실 앞에 망설이다가 차츰 관람 횟수와 인원을 늘려 나갔습니다.

　창덕궁 후원 중에서도 가장 깊숙하고 보존 상태가 좋은 곳이 옥류천 지역인데, 자연 경관을 파괴하지 않고 자연과 조화를 이룬 배치가 조선 정원의 진수를 보여주고 있습니다. 특히 왕이나 왕세자 등 왕족들만이 이용할 수 있는 공간이 생각보다 소박해 더 놀랍습니다.

　이제 승재정, 폄우사, 존덕정을 뒤로 하고 다시 다리를 건너 북쪽으로 향하면 옥류천에 이르는 길입니다. 이쯤에서 한적한 숲길의 매력을 다시 생각하며 걸어보는 게 좋겠습니다. 가만히 귀 기울이면 숲속의 새소리도 들리고 바람소리도 우리의 마음에 속삭입니다. 그리고 딱따구

취규정

리가 나무둥치를 쪼아대는 울림은 25년간 잠자던 숲이 이제 막 단잠에
서 깨어나 천연한 얼굴로 당신께 드리는 첫인사가 되겠지요.

취규정(聚奎亭)은 존덕정에서 옥류천으로 가는 산마루터기에 위치한 정자입
니다. 언덕길을 오르느라 숨이 찰 무렵 잠깐 걸음을 멈추어 숨을 고를 수 있
는 이 정자가 반가울 법도 하지요. '취규(聚奎)'란 '별들이 규성으로 모여든다'

는 뜻으로 '뛰어난 인재가 많이 모여든다'는 의미도 있습니다. 지금의 시멘트 길은 1976년에서 1979년 사이에 조성된 것입니다.

취규정을 뒤로 하고 오른쪽 내리막길로 접어듭니다. 가파른 내리막을 걸으면서 주변의 숲이 더욱 깊어지는 것을 느낄 수 있습니다. 옥류천 일대에 당도해서 처음 만나는 정자가 취한정(翠寒亭)입니다. 숙종 연간에 지어졌으며, 왕들이 옥류천에서 물을 마시고 나오다가 잠시 쉬어 가던 정자입니다. '취한(翠寒)'은 '푸르고 서늘하다'라는 의미로 '창취능한(蒼翠凌寒 : 푸른 소나무가 추위를 업신여긴다)'에서 정자 이름을 취했습니다. 원래 취한정의 이름대로 이 일대에 소나무 군락이 울창했는데, 100여 년의 세월이 흐르는 동안 식생이 바뀌어 참나무류인 갈참나무 군락지가 되었습니다.

취한정

# 소요정과 옥류천

취한정에서 조붓한 돌다리를 건너 소요정(逍遙亭)을 만납니다. '소요(逍遙)'란 '유유자적하는 것'을 말합니다. 처음에는 탄서정(歎逝亭 : 물처럼 세월이 빠르게 흘러가는 것을 탄식한다는 뜻)이라고 했습니다. 순조는 만기를 다스리다가 소요정에 나와 보면 정기가 맑아진다고 했습니다.

소요정에 앉아 바라보는 커다란 바위에는 인조 어필(御筆)로 옥류천(玉流川)이라 쓰여 있고, 그 위에 1670년 숙종이 지은 오언절구의 시가 있

소요정

습니다.

　비류삼백척　요락구천래(飛流三百尺　遙落九天來)
　간시백홍기　번성만학뢰(看是白虹起　飜成萬壑雷).

흩날리는 물 삼백 척이니 멀리 구천에서 떨어지는구나.
보고 있자니 흰 무지개 일고, 골짜기마다 우레 소리 가득하다.

인조 어필 옥류천과 숙종의 오언절구

인조 14년(1636)에 창덕궁을 품고 있는 응봉(鷹峯) 자락의 물길을 소요암 뒤쪽으로 끌어들이고, 계곡과 함께 자연의 지세를 그대로 이용하면서 최소한의 인공적인 변형을 주어 주변을 조성했습니다. 너럭바위에 얕은 홈을 파서 물길을 만들고 물이 떨어지는 폭포를 만들었습니다. 왕과 신하들은 이곳에서 물길을 따라 흐르는 술잔을 돌리며 시를 짓는 유상곡수연(流觴曲水宴)을 즐겼습니다. 정조의 문집 《홍재전서弘齋全書》에 실려 있는 상림십경(上林十景) 중 다섯째가 '소요유상(逍遙流觴)'입니다. 소요정 앞에 있는 옥류천 굽은 물길 위에 술잔을 띄우고 술잔이 자기 앞에 올 때 시를 한 수 읊는 놀이입니다.

옥류천의 소요암 폭포에 당도하여 숙종의 시를 읽으면서 우리는 그 당시 자연의 아름다움에 심취한 감성 풍부한 시인 묵객의 은유와 과장

비류삼백척

을 이해해야만 하는 상황을 맞이하게 됩니다. 숙종의 '비류삼백척(飛流三百尺)'을 받아들이기에 폭포의 물길은 너무나 보잘것없는 실망입니다. 그동안 무자비한 헤비메탈에 마비되어 있는 우리의 감각은 온 골짜기에 울려 퍼지는 폭포수의 우레 소리를 들을 수 있을까요? 또한 지나치게 화려하고 요란한 광경에 익숙해져 있는 우리는 어떤 마음의 눈으로 물 위에 펼쳐지는 흰 무지개를 찾을 것인가 의문입니다. (인조 어필 〈옥류천〉은 규장각에 보관되어 있다.)

348

옥류천 물빛은 가을 단풍으로 비류삼백척을 물들이고…

소요정, 태극정, 청의정은 옥류천 지역에서 경치가 뛰어난 상림삼정 (上林三亭)이라 합니다. 숙종은 그중에 태극정(太極亭)을 제왕이 수신하는 장소라고 말했습니다. 지금의 태극정 모습은 기둥만 있지만 아직도 기둥에는 문을 달았던 문날개가 남아 있고, 〈동궐도〉에는 태극정에 창호 문이 달려 있습니다. 태극정에서 임금에게 음식이나 다과를 올렸을 것 으로 짐작할 수 있습니다.

태극정에서 어정(御井)으로 건너가는 작은 돌다리가 하나 있는데, 물밑을 가만히 들여다보면 둥글게 파인 수조에 태극 문양이 선명합니다. 이 태극 문양의 돌기를 사뿐히 넘쳐흐르는 물살 또한 여유로운 구조입니다. 어정은 보호각 대신 무궁화로 보이는 꽃봉오리를 얹은 돌지붕으로 덮여 있는데, 〈동궐도〉에 그려지지 않은 것으로 보아 아마도 고종 연간이나, 그 후 일제강점기에 조성된 것

수조의 태극 문양

으로 보입니다. 어정 근처의 이끼 군락은 보호지역으로 함부로 밟지 않도록 주의해야 합니다. (〈동궐도〉에는 태극정 앞에 연못이 있다.)

태극정

〈동궐도〉 옥류천 부분

태극정과 청의정의 봄

청의정(淸漪亭)은 궁궐 안에 있는 유일한 초가 정자입니다. '청의(淸漪)'란 '맑고 잔잔한 물결'이라는 뜻입니다. 천원지방설에 따라 지붕은 둥글게, 바닥은 네모지게 만들어졌습니다.

〈동궐도〉에 보면 본래 청의정과 태극정은 나란히 연못을 끼고 있는 정자로 이곳 청의정 앞은 논이 아니라 연못이었습니다. 현재는 창덕궁 관리소에서 직원과 시민들의 참여로 예전 왕의 친경례(親耕禮)를 소박한 의미로 재현하고 있습니다. 이곳 청의정 논에서의 벼 수확은 우거진 숲 그늘로 인해 썩 신통치 않지만 궁궐 안에서 농사를 짓던 국가의식이 현대에까지 전해져오는 데에 큰 의미가 있겠지요.

천원지방설에 따라 지어진 청의정

청의정 천장의 단청 문양

봄이 오면 청의정에서는 친경례 행사를 재현하여 벼를 심고 있습니다.

청의정의 여름

✿ **친경례** : 조선시대에는 해마다 경칩이 지나면 임금이 친히 농사를 지어 백성에게 모범을 보이던 친경례를 행했다. 임금은 선농단(先農壇)에서 고대 중국의 제왕이며 백성들에게 농사짓는 법을 가르쳤다는 신농씨(神農氏)와 후직씨(后稷氏)를 모시는 제사를 올린 후 선농단 남쪽에 마련된 밭에서 직접 밭을 갈고 씨를 뿌리는 행사를 가졌다. 두 마리의 검은 소에 쟁기를 달아 밭을 갈고 난 뒤 왕세자, 신하, 농부들이 순서대로 밭을 갈았다고 한다. 친경례는 반드시 습의(習儀)라 하여 예행 연습을 했으며, 《친경의궤》를 만들어 교본이 정한 절차에 따라 엄격하게 진행되었다. 이 행사는 임금이 농민들에게 위로주를 돌리며 잔치를 베푸는 것으로 끝이 난다. 태종 때 시작한 친경의식은 1909년 4월 5일 순종 황제가 제기동 선농단에서의 친경례를 마지막으로 폐지되었다.

농업 국가인 조선시대에 친경례와 친잠례(親蠶禮)는 백성들의 농사짓는 수고로움과 아녀자들의 길쌈하는 노고를 왕과 왕비가 몸소 체험하여 모범을 보이는 중요한 행사였다. 창경궁에는 춘당지 옆에 11개의 내농포(왕이 농사를 짓는 논)가 있었다. 이곳에 벼를 심고, 그 볏짚으로 이엉을 엮어 청의정 지붕을 이었다고 한다. 그리고 창덕궁에는 친잠례의 흔적으로 오랜 뽕나무가 여러 그루 있는데, 애련정 지나 반도지 가는 길의 뽕나무는 수령이 약 400년으로 추정되며 천연기념물로 지정되었다.

옥류천을 둘러보고 나오는 길에 동쪽을 보고 앉은 농산정(籠山亭)이 있습니다. 온돌방과 부엌이 딸려 있어 왕이 옥류천으로 행차했을 때 음식이나 다과를 준비하던 곳입니다. 〈동궐도〉에는 농산정 남쪽으로 취병이 둘러져 있고 그 앞에 목교가 있습니다.

정조는 1795년(정조 19) 어머니 혜경궁 홍씨의 회갑 잔치를 위해 화성 행궁으로 떠나기 전 후원 일대에서 가마꾼들에게 혜경궁의 가마를 메

농산정

농산정에서 내다본 태극정과 청의정

는 연습을 시키고 수고한 관원들에게 이곳 농산정에서 음식을 대접했습니다. 어머니를 모시고 먼 길을 떠나기 전 조금이라도 편히 모시려는 효성에서였을 겁니다. 그해는 어머니 혜경궁의 회갑이기도 했지만 두 분이 동갑이었으므로 돌아가신 아버지 사도세자의 사갑이었습니다. 두 분 부모를 위한 생신 잔치를 위해 한양에서 아버지의 능이 있는 수원까지 길을 떠나야 했습니다. 지금이야 서울에서 수원까지 가는 길이 자동차를 탈 수도 있고 전철도 있는 편한 세상이지만, 옛날의 교통수단은 탈것이라야 말을 직접 타고 가거나 말이나 소가 끄는 수레와 사람이 메고 가는 가마가 있었지요. 그런데 요즘 사람들이 생각하는 이상으로 가마를 타고 갈 때 그 가마를 메는 사람의 노고보다도 그 안에 타고 가는 이의 가마 흔들림에 대한 멀미가 만만치 않았을 겁니다. 가마꾼들이야 힘이 들면 서로 바꾸어가며 쉬기도 했을 터이지만 가마 타는 높으신 분은 꼼짝없이 목적지에 당도하기까지 좁은 가마 안에서 견뎌야 했을 터이니 여간 고생이 아니었겠지요.

● 정조 19년(1795) 2월 25일 1번째 기사
자궁(慈宮)의 가마를 메는 예행 연습을 후원에서 행하였다. 상이 현륭원(顯隆園)에 행차할 때 여러 날 수고롭게 움직여야 하기 때문에 자궁을 직접 모시고 먼저 예행 연습을 한 것이었다. 농산정에 이르러 행차를 수행한 신하들에게 음식 대접을 하고 대내(大內)로 돌아왔다.

❖ **청심정**(淸心亭) : 옥류천에서 나와 돌아가는 길 중간쯤 왼편에 있다. 청심제월(淸心霽月) 청심정에서 보는 갠 날의 맑은 달, 상림십경 중 제7경이다. 청심정 앞에 수조의 돌거북이 있고, '빙옥지(氷玉池)'라고 새긴 어필이 있다.

❖ **빙천**(氷川) : 옥류천에서 연경당으로 내려오는 도중 오른편에 있다. 물소리가 맑고 이름대로 제일 차가운 곳으로 여름에도 서늘한 기운이 감돈다. 빙천 계곡의 물이 연경당 서행각 밑을 돌아 장락문 앞으로 흐른다.

❖ **능허정**(凌虛亭) : 청심정의 서북쪽 후원에서 가장 높은 언덕에 있는 정자이다. 상림십경 중 열 번째가 능허모설(凌虛暮雪)로 해질 무렵 능허정에서 눈 내리는 광경을 구경하는 아름다움을 말한다.

❖ **다래나무** : 후원 안쪽 숲에 위치한 다래나무는 수령이 대략 660년으로 추정된다. 나무의 줄기가 시작과 끝이 보이지 않고 서로 엉켜 있는 모양이 마치 용트림을 보는 듯 장관이다. 가장 크고 오래된 다래나무는 천연기념물 제251호로 지정되어 있다.

# 16 신선원전, 하늘을 품다

군사 시설이 있던 북영 자리에 신선원전이 신축되었습니다.

# 조선의 의리, 대보단

〈동궐도〉에 보면 창덕궁 후원의 가장 깊숙한 서북쪽에 황단(皇壇)이라 표시한 지역이 있습니다. 〈동궐도〉에 황단으로 표기 되어 있는 대보단은 말 그대로 '큰 은의에 보답한다'는 뜻입니다.

숙종 30년(1704)에 세운 대보단은 임진왜란 때 원군을 보내준 명의 황제 신종의 제사를 모시던 곳입니다. 후에 영조 25년(1749)에는 명의 태조와 마지막 황제인 의종까지 3황제를 합사하여 제사를 지냈습니다.

숙종이 대보단을 세운 해는 명이 청에 의해 패망한 일 주갑, 즉 60년이 되는 해입니다. 성리학을 나라의 기본 사조로 삼았던 조선이 명의 은혜에 보답한다는 명분이었으나, 청의 침략으로 병자호란을 겪고 난후 소중화(小中華)를 앞세운 조선의 자존감을 되찾으려는 의도로도 해석할 수 있습니다. 이때는 청이 중국을 지배하고 있던 시기이므로,

신선원전 월대 계단의 면석에 새겨진 모란꽃 문양

이미 멸망하여 없어진 명나라 황제의 제사를 조선에서 지낸 것입니다. 그 후 제사는 순종 때(1908)까지 무려 200여 년간 지속되었습니다. 그러나 1910년 강제 한일합병 조인으로 일제침략기에 들어가면서 임진왜란 때 침략의 주체였던 일본의 입장에서는 대보단을 그렇게 편안하게 둘 수는 없었을 것입니다.

1980년 7월 23일 순종실록 기사에는 개정한 제사 제도 칙령을 발표하면서 대보단의 제사는 폐지되고, 그 터는 궁내부 소관으로 한다고 했습니다. 일제의 간섭에 의해 황제의 조서(詔書)와 칙령(勅令) 제50호 향사이정령(享祀釐正令)이 공표되고 조선 황실의 제례의 기준이 바뀌면서 대보단 제사가 폐지된 것입니다. 대보단 철거는 그 이후 일제의 정책에 의해 행해진 것으로 볼 수 있습니다.

창덕궁의 신선원전은 역대 진전 중 최후에 건립된 어진 봉안처 (사진 창덕궁 관리소 소장)

　창덕궁에는 선원전이 두 군데 있습니다. 1921년 창덕궁의 서북쪽 북영 터에 새로 지어진 신선원전(新璿源殿)과 본래의 자리에 빈 건물로 구선원전이 남아있습니다.

　신선원전 자리는 원래 대보단이 있던 곳에서 남쪽으로 창덕궁을 경비하던 군사시설 북영이 있던 곳입니다. 1921년에 고종의 삼년상이 끝나는 것을 계기로 경운궁 선원전이 헐리고 12칸의 신선원전이 창덕궁 후원에 건립되었습니다. 선원전은 왕의 어진(御眞)을 모신 진전(眞殿)으로 그 기능을 침전처럼 인식했기 때문에 내부의 각 실 위에는 닫집을 설치하고 용 평상과 병풍 장식으로 화려하게 꾸몄습니다. 일제강점기에 신축된 신선원전은 역대 진전 중 최후에 건립된 어진 봉안처(奉安處)로, 조선왕조 어진 봉안과 제례의식 전통을 마지막까지 계승한 역사적 의미를 지닌 곳입니다. 창덕궁 구선원전과 덕수궁 선원전에 있던 역대 임금들의 어진이 모두 이곳에 옮겨져 봉안되어 있었으나, 한국전쟁 당시 대부분 소실되었습니다. 1950년 한국전쟁 때 조선 태조부터 순종에 이르는 총 12국왕의 어진 48본이 부산으로 옮겨졌다가 어진이 보관되었던 창고에 화재가 나면서 대부분 불타고 말았습니다. 신선원전의 부속 건물로 의효전(懿孝殿), 제실(祭室), 수직사(守直舍) 등이 있습니다.

✿ **조선 왕실의 어진** : '어진'이란 역대 선왕들의 모습이 담긴 한 폭의 그림이다. 어진의 도사와 모사에 관한 기록에는 '궁궐 내에 있는 도화서 화원 중에서 특별히 왕의 초상화를 담당하는 화원을 두고 도사하게 했다'는 내용이 있다. 조선시대에 왕의 초상화를 모시는 건물을 진전(眞殿)이라 부르게 되면서 어진이라는 말은 곧 왕의 초상화를 의미하게 되었다. 어진은 조상을 기리는 일반 초상화와는 달리 그 자체로서 조종(祖宗)과 국가를 상징하는 중요한 기능을 지녔다. 따라서 어진은 따로 봉안하는 장소인 진전을 지어 귀하게 보전되었다. 어진을 제작하는 것은 왕실의 큰 행

조선 태조 어진

사나 마찬가지였다. 그래서 어진 제작에는 군왕 이하 여러 대신, 화사(畫師)·공장(工匠)에 이르기까지 많은 인원이 동원되었다. 어진은 그리는 과정과 방식에 따라 도사(圖寫)·추사(追寫)·모사(模寫)로 구분된다. 도사는 왕이 살아 있을 때의 모습을 그리는 것이고, 추사는 왕이 죽은 뒤에 그리는 것으로 비슷하게 그리기가 가장 어려웠다고 하며, 모사는 보관했던 어진이 훼손되거나 또는 새로운 진전에 모시게 될 경우에 이미 있던 그림을 보고 그대로 그리는 것이다.

조선 중기까지 남아 있던 어진은 임진왜란 때 궁궐이 모두 불타면서 많이 손실되었다. 조선 후기의 왕들은 거의 다 어진을 그렸다고 전한다. 정조는 특별한 행사 때마다 어진을 그렸다. 즉위년, 즉위 5년, 즉위 15년에도 어진 제작이 이어졌다. 하지만 현존하는 정조의 어진은 선원보에 있는 간단한 스케치 말고는 남아 있지 않다. 반면 선조처럼 어진 그리기를 거부한 왕도 있었다.

현재 남아 있는 조선 왕실의 어진으로는 전주 경기전의 태조 어진(국보 제317호), 영조의 연잉군 시절 초상화, 숙빈 최씨의 육상궁에 봉안하기 위해 그려졌던 영조 어진 반신상, 융복(군복)을 입은 철종어진이 있고 사진 기법이 도입 된 이후에 입체 음영법이 가미되어 그려진 고종 어진 두 점과 순종 어진 초본이 남아 있다. 그리고 얼굴 부분이 불에 타버린 익종 어진이 남아 있을 뿐이다.

국보로 지정된 '조선태조어진(朝鮮太祖御眞)'은 1872년(고종 9)에 제작된 태조 이성계의 어진이다. 당대 최고의 화사들이 동원되어 원본에 충실 하게 이모(移模) 작업이 이루어져 조선 초기 선묘 위주의 초상화 기법을 잘 간직하고 있다.

# 북영의 괘궁정과 몽답정

훈련도감은 조선시대에 수도의 수비를 맡은 군대로 훈국이라고도 불렀습니다. 북영(北營)은 훈련도감의 본부 격으로 괘궁정(掛弓亭)은 군사들이 활쏘기를 했던 장소로 추측됩니다. 괘궁(掛弓)은 '활을 걸다'라는 뜻입니다. 정약용은 규장각에 근무하던 시절 정조의 지시로 북영에 갇혀서 고단한 활쏘기 연습을 했습니다.

정조(정조 15년, 1791)는 후원 춘당대에서 규장각의 여러 신하들에게 활

괘궁정

을 10순(50발/ 1순은 5발)씩 쏘게 한 후 4발도 못 맞힌 신하들에게 북영에서 하루 20순(100발)씩 활을 쏘게 했습니다. 정조의 활솜씨는 아주 뛰어났습니다. 정조 16년 11월 기사에는 여러 차례 춘당대에서 활쏘기를 하여 10순에 49발을 맞혔다는 기사가 보입니다. 그리고 정조는 활을 쏘아 연거푸 명중시키고는 제신들을 돌아보며 이르기를, "내가 요즈음 활쏘기에서 49발에 그치고 마는 것은 모조리 다 명중시키지 않기 위해서이다" 라고 적고 있습니다.

정조는 문장을 아름답게 꾸밀 줄 알면서 활을 쏠 줄 모르는 것은 문무를 갖춘 재목이 아니라고 꾸짖었습니다. 의당 북영에 잡아놓고 하루에 20순씩 쏘아서 매 순마다 1발씩을 맞춘 후에야 풀어주겠다고 했습니다. 어명에 따라 정약용 일행은 북영에 갇혀서 활쏘기 연습에 들어갔으나 처음에는 영 신통치가 않았습니다. 활을 잘못 다루어 활이 망가지고 화살은 굽었으며 깍지는 떨어져 나가고 손이 부르트고 팔뚝은 부어올랐다고 합니다. 또한 말 타는 솜씨가 서툴러 보는 사람들이 크게 웃었구요. 그러나 며칠이 지나자 활시위를 당기는 솜씨가 점점 능숙해져서 1순을 쏘면 3발을 맞힐 때가 많았습니다. 정조는 이를 보고 하루에 10순씩만 쏘고 그 여가에 경서를 연구하라고 했습니다. 북영에 들어간 지 열흘 만에 정약용 일행은 활 솜씨가 향상된 것을 인정받아 겨우 풀려났습니다.

● 정조 15년(1791) 10월 2일 1번째 기사
단풍정(丹楓亭)에 나아가 초계 문신에 대한 친시(親試)와 시사(試射)를 실시하였는데 여러 문신들이 대부분 활을 쏘지 못하니, 시험을 중지하도록 명하였다. 이어 여러 문신들에게 모화관(慕華館)·연융대(鍊戎臺)·성북둔(城北屯)·북영(北營)·훈련원 등에 나누어 숙직하면서 활쏘기를 익히도록 명하였다.

몽답정의 녹음


영화당에 나아가 초계문신에게는 친시·과시를, 선전관에게는 강과 활쏘기를 시험 보였다. 상이 활을 쏘아 연거푸 명중시키고는 제신들을 돌아보며 이르기를, "내가 요즈음 활쏘기에서 49발에 그치고 마는 것은 모조리 다 명중시키지 않기 위해서이다" 하고서, 이내 첫 화살을 쏘고 왼쪽의 나머지 네 개를 또 쏘아 모두 명중시켰는데 3순을 쏘아 14발을 맞힌 것이다. 그리고 또 작은 과녁을 쏘아 1순에 세 번을 맞히고, 또 곤봉을 세워 표적으로 삼고 1순에 세 발을 맞치고는 본영의 장교·군병 그리고 내각의 관리들에게 두루 음식을 내려 먹였다.

위의 실록 기사로 보아 정조는 활쏘기를 매우 잘했고, 신하들에게도 문장뿐 아니라 무예를 익힐 것을 거의 강요하다시피 했다는 것을 알 수 있습니다. 왕께서는 걸핏하면 춘당대에 나가 활을 쏘고 으스대지 않았나 싶습니다. 더구나 무예에 도통 재주도 취미도 없던 정약용의 경우에

몽답정 뒤편 바위에 새긴 금석문

는 몹시 괴로운 일이었을 겁니다. 공부도 힘든데 활쏘기까지 하라니!

몽답정 북쪽 언덕에 있는 괘궁정 바로 뒤편은 중앙고등학교 담장이 바짝 붙어 있습니다. 이제는 괘궁정에서 활 쏘는 이도 없으니 화살 대신에 이곳 담장 너머로 학생들이 걷어찬 축구공만이 가끔 넘어오고 있습니다.

몽답정(夢踏亭)은 북영에 속하는 정자입니다. 정자 뒤편의 바위와 앞의 못이 운치 있는 풍경을 만들어내고 있습니다. 숙종이 언젠가 꿈속에 이 정자에 오른 일이 있다 하여 몽답정이란 이름을 내렸다고 합니다. 몽답(夢踏)은 '꿈길을 밟고 간다'는 뜻입니다.

370

몽답정 앞의 연못이 운치 있는 풍경을 만들어내고 있습니다.

창덕궁 십경

오늘 당신의 여행은 어떤 그림으로 기억에 남을까요? 창덕궁은 여러 표정으로 당신께 기억되겠지요. 창덕궁 십경의 아름다움을 당신의 마음 속 화첩에 그려보십시오.

## 궁궐 전각 십경

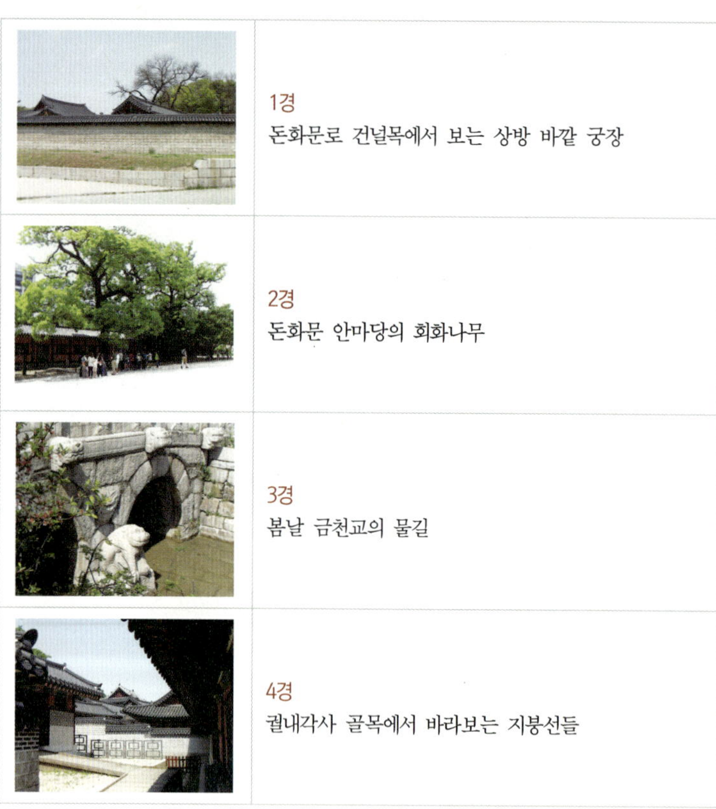

**1경**
돈화문로 건널목에서 보는 상방 바깥 궁장

**2경**
돈화문 안마당의 회화나무

**3경**
봄날 금천교의 물길

**4경**
궐내각사 골목에서 바라보는 지붕선들

**5경**

인정전 뒤쪽의 일월담

**6경**

희정당 현관의 낙양각을 통해 바라본 눈 쌓인 소나무

**7경**

살구꽃 핀 사월의 희우루

**8경**

자시문 옆의 홍매

**9경**

낙선재의 눈 쌓인 담장

**10경**

낙선재 뒤뜰의 영롱 꽃담과 만월문

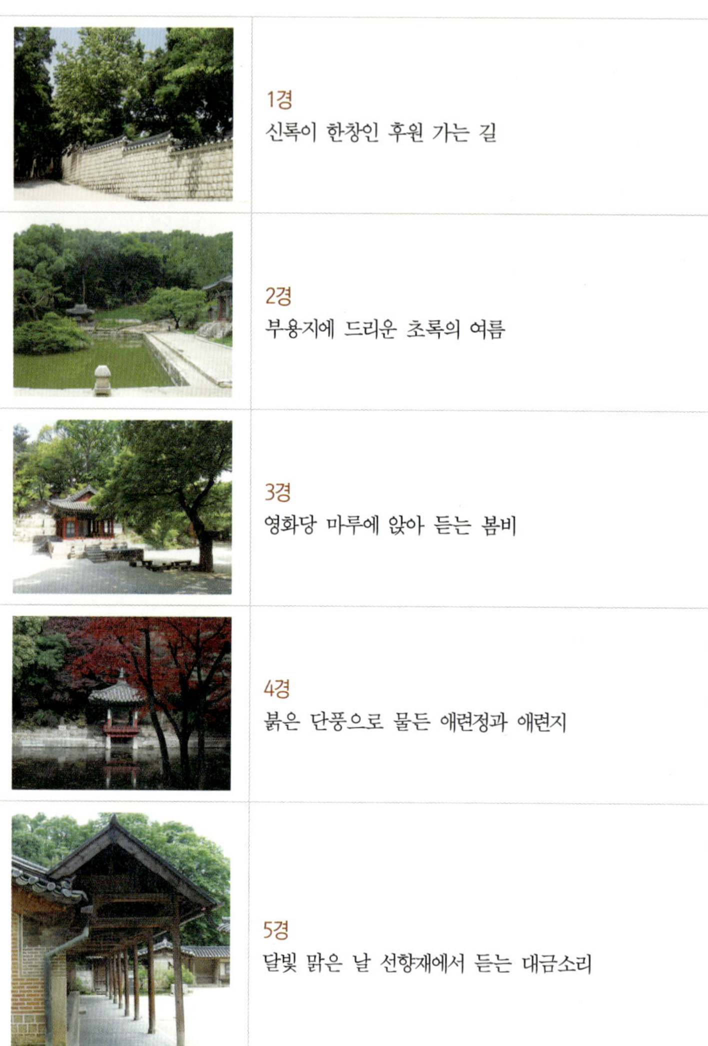


1경
신록이 한창인 후원 가는 길

2경
부용지에 드리운 초록의 여름

3경
영화당 마루에 앉아 듣는 봄비

4경
붉은 단풍으로 물든 애련정과 애련지

5경
달빛 맑은 날 선향재에서 듣는 대금소리

**6경**

연경당 마당의 내외담

**7경**

관람정 낙양각에서 바라보는 가을 승재정

**8경**

연경당 태일문 뒷동산의 낙엽 밟는 소리

**9경**

옥류천에서 듣는 비류삼백척

**10경**

청의정에서 봄빛바라기

### 달빛 기행
대상 : 일반
시기 : 매년 4~6월, 9~10월 음력 보름 전후로 3~5일간
참여 방법 : 문화재보호재단 홈페이지에서 확인
장소 : 낙선재, 후원

### 고궁 청소년 문화학교
대상 : 초·중·고등학생
시기 : 매년 7~8월 매주 월요일
참여 방법 : 창덕궁 홈페이지에 신청

### 고궁에서 우리 음악 듣기
대상 : 일반
시기 : 매년 5~6월, 9~10월 일요일 11시와 오후 3시
참여 방법 : 창덕궁 입장객 누구나
장소 : 낙선재 승화루 마당

### 내의원 한의학 체험
대상 : 일반
시기 : 매년 5월
참여 방법 : 창덕궁 관람객 중 선착순 40명
장소 : 성정각

### 후원에서 만나는 한 권의 책
대상 : 일반
시기 : 매년 4월, 10월에 각 2주 동안
참여 방법 : 창덕궁 홈페이지에서 확인
장소 : 후원

# 부록_조선왕조 가계도

1대 태조 : 신의왕후 한씨
방우
2대 정종
방의
방간
3대 태종 : 원경왕후 민씨
방연
양녕대군
효령대군
4대 세종 : 소헌왕후 심씨
성령대군
5대 문종 : 현덕왕후 권씨 ——— 6대 단종
7대 세조 : 정희왕후 윤씨
안평대군
임영대군
광평대군
금성대군
평원대군
영응대군
의경세자(덕종) : 소혜왕후 한씨
8대 예종
9대 성종 : 폐비 윤씨 ——— 10대 연산군
: 정현왕후 윤씨
11대 중종 : 장경왕후 윤씨 —— 12대 인종
: 문정왕후 윤씨 —— 13대 명종
: 경빈 박씨 ——— 복성군
: 희빈 홍씨 —— 금원군
봉성군
: 창빈 안씨 —— 영양군
덕흥대원군
14대 선조

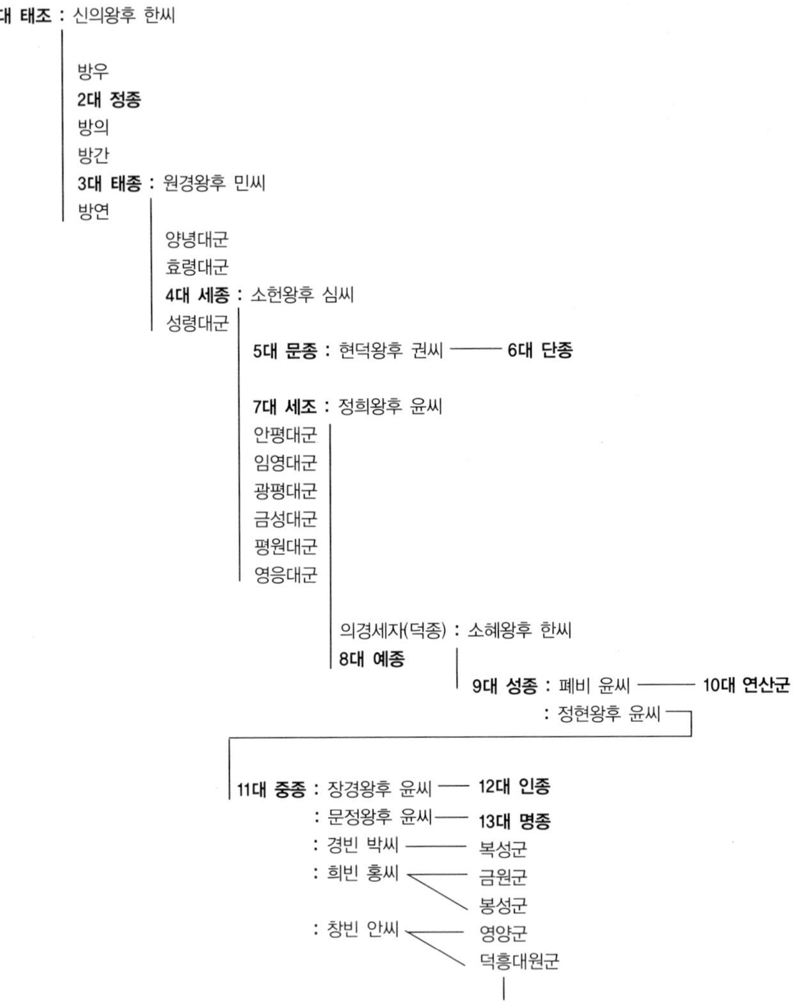

**14대 선조** : 의인왕후 박씨
     : 인목왕후 김씨 — 영창대군
     : 공빈 김씨 ⎯ 임해군
               **15대 광해군**
     : 인빈 김씨 ⎯ 의안군
               신성군
               정원군(원종) — **16대 인조** : 인렬왕후 한씨
               의창군
                               소현세자
                               **17대 효종** : 인선왕후 장씨
                               인평대군
                               용성대군    **18대 현종** : 명성왕후 김씨
                                          **19대 숙종** : 인경왕후 김씨
                                              : 인현왕후 민씨
                                              : 인원왕후 김씨
                                              : 희빈 장씨 ⎯ **20대 경종**
                                              : 숙빈 최씨 ⎯ **21대 영조**

**21대 영조** : 정성왕후 서씨
     : 정순왕후 김씨
     : 정빈 이씨 ⎯⎯ 효장세자(진종)
     : 영빈 이씨 ⎯⎯ 사도세자 : 혜빈 홍씨 ⎯ **22대 정조** : 효의왕후 김씨
                     (장조)                        : 의빈 성씨 ⎯ 문효세자
                                     : 수빈 박씨 ⎯ **23대 순조** : 순원왕후 김씨
                                                     효명세자(익종) : 신정왕후 조씨
             : 숙빈 임씨 ⎯ 은언군 — 전계대원군 ⎯ **25대 철종**                       **24대 헌종**
                       은신군 ⎯ 남연군 ⎯⎯ 흥선대원군 : 여흥 부대부인 민씨
             : 경빈 박씨 ⎯ 은전군                                     **26대 고종**

           **26대 고종** : 명성황후 민씨 ⎯⎯ **27대 순종** : 순명효황후 민씨
                                           : 순정효황후 윤씨
                      : 귀인 엄씨 ⎯⎯⎯ 영친왕
                      : 귀인 이씨 ⎯⎯⎯ 완친왕
                      : 귀인 장씨 ⎯⎯⎯ 의친왕
                      : 귀인 정씨 ⎯⎯⎯ 우
                      : 귀인 양씨 ⎯⎯⎯ 덕혜옹주

| | | |
|---|---|---|
| 1392년 | 태조 1년 | 조선 개국 |
| 1394년 | 태조 3년 | 한양으로 도읍을 옮김 |
| 1399년 | 정종 1년 | 한양에서 개성으로 도읍을 옮김 |
| 1404년 | 태종 4년 | 윤신달, 이양달을 보내 이궁 터를 살피도록 한 후 향교동에 궁궐 조성이 시작됨 |
| 1405년 | 태종 5년 | 이궁의 이름을 '창덕궁'이라 함<br>규모는 외전 74칸, 내전 118칸으로 지음 |
| 1406년 | 태종 6년 | 궁내에 광연루를 세움<br>해온정을 동북쪽에 지음 |
| 1411년 | 태종 11년 | 금천교 건립 |
| 1412년 | 태종 12년 | 궁의 정문인 '돈화문'이 건립됨 |
| 1462년 | 세조 8년 | 후원의 조성을 본격적으로 시작함<br>담장을 넓히고 궁의 동북 민가를 철거함<br>후원 후방의 경계가 이때 정해짐 |
| 1496년 | 연산 2년 | 숭문당을 재건한 후 건물명을 '희정당'으로 고침 |
| 1592년 | 선조 25년 | 임진왜란으로 경복궁, 창덕궁, 창경궁이 소실됨 |
| 1610년 | 광해 2년 | 선정전, 대조전, 희정당 등의 소실된 전각을 재건하여 창덕궁을 법궁으로 삼음 |
| 1616년 | 광해 8년 | 창경궁을 복구함 |
| 1623년 | 광해 15년 | 인조반정으로 창덕궁 주요 전각들이 소실됨 |
| 1624년 | 인조 2년 | 이괄의 난으로 창덕궁, 창경궁이 불에 타 경덕궁으로 이어함 |

| 1632년 | 인조 10년 | 창덕궁으로 이어함 |
|---|---|---|
| 1633년 | 인조 11년 | 창경궁 재건을 마치고 창경궁으로 이어함 |
| 1636년 | 인조 14년 | 후원에 옥류천을 파고 태극정, 청의정, 소요정 등의 정자를 지음. 또 그 후에 낙민정, 취규정, 심추정 등을 세움 병자호란 일어나 남한산성으로 피함 |
| 1637년 | 인조 15년 | 창경궁으로 환궁함 |
| 1647년 | 인조 25년 | 창덕궁을 중건함 |
| 1688년 | 숙종 13년 | 후원의 폄우사 북쪽에 창심정을 지음. 청심정 남쪽 안뜰에 못을 파서 '빙옥지'라고 함 |
| 1690년 | 숙종 15년 | 후원의 옛 술성각에 사정기비각을 세움 |
| 1704년 | 숙종 30년 | 임진왜란 때 원군을 파견했던 명나라 신종을 위해 대보단을 준공함 |
| 1707년 | 숙종 33년 | 후원 주합루 연못가에 택수재(부용정)를 지음 |
| 1744년 | 영조 20년 | 승정원에서 화재가 발생하여 인정문과 좌우 행각이 소실됨 |
| 1776년 | 정조 즉위년 | 후원에 규장각을 설치함 |
| 1777년 | 정조 1년 | 인정전 앞뜰에 품계석을 설치함 |
| 1782년 | 정조 6년 | 중희당을 건립함 |
| 1785년 | 정조 9년 | 수강재를 건립함 |
| 1803년 | 순조 3년 | 인정전이 소실되어 이듬해 중건함 |
| 1811년 | 순조 11년 | 예문관과 향실의 화재로 많은 서적과 기물이 소실됨 |
| 1824년 | 순조 24년 | 인정전 뒤편에 있던 경복전이 소실됨 |
| 1827년 | 순조 27년 | 효명세자가 연경당을 세움 |
| 1827~30년 | 순조 27~30년 | 〈동궐도〉가 제작됨 |

| 1833년 | 순조 33년 | 내전에 큰 화재가 발생하여 대조전과 희정당을 비롯한 행각, 침전 등이 소실된 뒤 이듬해 9월에 재건함 |
|---|---|---|
| 1847년 | 헌종 13년 | 낙선재를 건립함 |
| 1857년 | 철종 8년 | 인정전을 완전히 해체 수리함<br>중건 후 약 53년 만에 개수됨 |
| 1863년 | 고종 즉위년 | 고종 창덕궁 인정전에서 즉위함 |
| 1884년 | 고종 21년 | 갑신정변으로 개화파가 고종을 관물헌에 모심 |
| 1897년 | 광무 1년 | 대한제국이 선포되고 고종이 황제에 즉위함 |
| 1905년 | 광무 5년 | 을사조약이 체결됨 |
| 1908년 | 융희 2년 | 인정전 개수와 함께 진선문이 철거됨 |
| 1910년 | 융희 4년 | 8월 22일 흥복헌에서 마지막 어전 회의가 열림 |
| 1917년 | | 대조전 화재로 대조전을 비롯한 내전이 대부분 소실됨. 순종과 윤황후는 후원의 연경당으로 피신함 |
| 1920년 | | 경복궁의 교태전, 강녕전 등 내전의 대부분을 철거하여 창덕궁의 대조전, 희정당, 흥복헌, 경훈각, 함원전 등을 완공함. |
| 1926년 | | 순종이 대조전에서 승하함 |
| 1989년 | | 수강재에서 덕혜옹주가 별세하고, 낙선재에서 이방자 여사가 별세함 |
| 1994~1997년 | | 낙선재 일원 정비 사업을 시행함 |
| 1995~1997년 | | 돈화문 해체 복원 및 전면 월대를 복원 정비함 |
| 1995~1999년 | | 진선문과 숙장문 일대 등 인정문 외 행각 일원의 중건 및 복원이 이루어짐 |
| 1997년 | | 유네스코(UNESCO) 세계문화유산에 등재됨 |

## 인터넷

서울대학교규장각한국학연구원, http://e-kyujanggak.snu.ac.kr/

조선왕조실록, http://sillok.history.go.kr/

승정원일기, http://sjw.history.go.kr/

위키백과, http://ko.wikipedia.org/

한국 브리태니커 온라인, http:// preview.britannica.co.kr/

한국고전번역원(전 민족문화추진회), http://www.minchu.or.kr/itkc/Index.jsp

## 단행본

《국립중앙박물관소장 유리건판, 궁궐》, 국립중앙박물관, 2007

《궁궐지 1: 경복궁, 창덕궁》, 서울학연구소, 1994

《궁궐지 2: 창경궁, 경희궁, 도성지》, 서울학연구소, 1994

《궁궐지》, 서울특별시사편찬위원회, 제2판, 2000

《길상》, 국립중앙박물관, 2012

김동현, 《서울의 궁궐건축》, 시공사, 2002

김명길, 《낙선재 주변》, 중앙일보&동양방송, 1997

김문식, 신병주, 《조선왕실 기록문화의 꽃, 의궤》, 돌베개, 2005

김영모, 《알기 쉬운 전통조경시설사전》, 동녘, 2012

김영상, 《서울 육백년》, 한국일보사, 1990

김왕직, 《알기 쉬운 한국건축용어사전》, 동녘, 2007

《동궐도 읽기》, 문화재청 창덕궁관리소, 2005

문화재청, 《궁궐의 현판과 주련2 창덕궁, 창경궁》, 수류산방, 2007

문화재청, 《조선의 궁궐과 종묘》, 눌와, 2010

문화재청, 《수난의 문화재》, 눌와, 2009

문화재청, 《한국의 세계유산》, 눌와, 2007

박상진, 《궁궐의 우리나무》, 눌와, 2001

박영규 ,《한권으로 읽는 조선왕조실록》, 들녘, 1996
박홍갑, 《하늘위에는 사관이 있소이다》, 가람기획, 1999
《서울의 문화재》, 서울특별시사편찬위원회, 2003
《서울육백년사, 문화사적편》, 서울특별시, 1987
신명호, 《조선의 왕》, 가람기획, 1998
신명호, 《조선왕실의 의례와 생활: 궁중문화》, 돌베개, 2002
유본예, 권태익 역, 《한경지략》, 탐구당, 1975
윤장섭, 《한국건축사》, 동명사, 1981
이순우, 《그들은 정말 조선을 사랑했을까》, 하늘재, 2005
《일본궁내청 소장 창덕궁 사진첩》, 문화재청 창덕궁관리소, 2006
임응식, 《한국의 고건축, 비원》, 도서출판광장, 1976
장헌덕, 《목조건축의 구성》, 한국문화재보호재단, 2006
정연식, 《일상으로 본 조선시대이야기》, 청년사, 2001
정재훈외, 《소쇄원》, 대원사, 2002
창덕궁문화재해설팀, 《문화재 해설사와 함께하는 창덕궁》, 컬처북스, 2011
《창덕궁, 종묘 원유조사》, 문화재청, 2002
《창덕궁육백년》, 문화재청 창덕궁관리소, 2005
《창덕궁 조선의 시간을 걷다》, 문화재청 창덕궁관리소, 2010
최종덕, 《조선의 참 궁궐 창덕궁》, 눌와, 2006
허균, 《전통미술의 소재와 상징》, 교보문고, 2001
홍순민, 《 우리궁궐이야기》, 청년사, 1999

**학위 논문**

장영기, 《조선시대 궁궐장식기와의 기원과 의미》, 국민대학교대학원 석사학위논문, 2004
홍순민, 《조선왕조 궁궐경영과 양궐체제의 변천》, 서울대학교대학원 박사학위논문, 1996